Frederic Fredersdorf · Michael Himmer (Hrsg.)

Junge Sozialarbeitswissenschaft

VS RESEARCH

Forschung und Entwicklung in der Sozial(arbeits)wissenschaft

Herausgegeben von
Prof. Dr. Frederic Fredersdorf, Fachhochschule Vorarlberg

„Forschung und Entwicklung in der Sozial(arbeits)wissenschaft" präsentiert Studien, Projekte, Modellvorhaben und Konzepte mit evidenzbasiertem Bezug zu Handlungsfeldern der Sozialen Arbeit. Die Klammer im Zentralbegriff bringt das noch nicht etablierte Dasein einer Sozialarbeitswissenschaft zum Ausdruck und regt zum kontroversen Diskurs an. Beiträge von Projekten und Theoriediskursen, aber auch von Tagungen und Dissertationen fokussieren die Grundlage einer zunehmend anerkannten eigenständigen Disziplin, die einerseits ein spezifisches Profil zu entwickeln vermag, andererseits auf bezugswissenschaftlichen Ansätzen und Erkenntnissen basiert. Insofern transportiert der Reihentitel den hier bewusst vermiedenen Plural „Sozialarbeitswissenschaften" implizit. Der beabsichtigte transdisziplinäre und zugleich anwendungsorientierte Anspruch trägt dazu bei, fachliche Barrieren zu überwinden, um eine fundierte Handlungswissenschaft für die Soziale Arbeit zu gestalten. Zielgruppe der Reihe sind Studierende, Lehrende, WissenschaftlerInnen und Professionelle in der Sozialen Arbeit.

Frederic Fredersdorf
Michael Himmer (Hrsg.)

Junge Sozialarbeitswissenschaft

Diplomarbeiten zu relevanten
Handlungsfeldern der Sozialen Arbeit

Bibliografische Information der Deutschen Nationalbibliothek
Die Deutsche Nationalbibliothek verzeichnet diese Publikation in der
Deutschen Nationalbibliografie; detaillierte bibliografische Daten sind im Internet über
<http://dnb.d-nb.de> abrufbar.

1. Auflage 2010

Alle Rechte vorbehalten
© VS Verlag für Sozialwissenschaften | Springer Fachmedien Wiesbaden GmbH 2010

Lektorat: Verena Metzger / Anita Wilke

VS Verlag für Sozialwissenschaften ist eine Marke von Springer Fachmedien.
Springer Fachmedien ist Teil der Fachverlagsgruppe Springer Science+Business Media.
www.vs-verlag.de

Das Werk einschließlich aller seiner Teile ist urheberrechtlich geschützt. Jede
Verwertung außerhalb der engen Grenzen des Urheberrechtsgesetzes ist
ohne Zustimmung des Verlags unzulässig und strafbar. Das gilt insbesondere
für Vervielfältigungen, Übersetzungen, Mikroverfilmungen und die Einspeicherung und Verarbeitung in elektronischen Systemen.

Die Wiedergabe von Gebrauchsnamen, Handelsnamen, Warenbezeichnungen usw. in diesem
Werk berechtigt auch ohne besondere Kennzeichnung nicht zu der Annahme, dass solche
Namen im Sinne der Warenzeichen- und Markenschutz-Gesetzgebung als frei zu betrachten
wären und daher von jedermann benutzt werden dürften.

Umschlaggestaltung: KünkelLopka Medienentwicklung, Heidelberg
Gedruckt auf säurefreiem und chlorfrei gebleichtem Papier
Printed in Germany

ISBN 978-3-531-17371-9

Vorwort

„Junge Sozialarbeitswissenschaft" zeichnet ein ungewöhnliches Bild. Der Sammelband skizziert eine in der hochschulischen Bildungslandschaft einmalige Situation, nämlich die knappe Periode der sozialarbeiterischen Diplomstudiengänge in Österreich bzw. Vorarlberg. Denn die sozialarbeiterische Berufsausbildung fand in Österreich erst ab 2001 auf Hochschulniveau statt, und nur für einen kurzen Zeitraum etablierten sich Diplomstudiengänge an Österreichs Fachhochschulen. Das Diplomstudium wurde jedoch rasch von der europäischen Entwicklung überholt und auf das Bologna-System (Bachelor- und Masterstudien) umgestellt. In Vorarlberg währte die Diplomphase zwischen 2002 und 2010. Im Wintersemester 2007 führte die FH Vorarlberg (FHV) das Bachelorstudium Soziale Arbeit ein, dem im Wintersemester 2010 das konsekutive Masterstudium folgt. Parallel hierzu baute sie den sozialarbeiterischen Diplomstudiengang sukzessive ab.

Diese historisch einmalige Situation bietet Anlass, ein Kaleidoskop herausragender sozialarbeiterischer Diplomarbeiten darzustellen. Michael Himmer und Frederic Fredersdorf skizzieren vorab aus Sicht der sozialarbeiterischen Studiengangsleitung in einem einführenden Aufsatz die Entwicklung sozialarbeiterischer Studiengänge in Österreich und Vorarlberg mit Blick auf das aktuelle Bachelor- und Master-System. Erika Geser-Engleitner schildert anschließend aus Sicht einer erfahrenen Diplombetreuerin, welche Anforderungen das Vorhaben, eine Diplomarbeit zu verfassen, an Betreuende und Diplomierende stellt. Im Hauptteil stellen insgesamt elf „Magistra/Magister FH" der Sozialarbeit Kurzfassungen ihrer Diplomarbeiten vor, die sie zwischen 2006 und 2009 an der Fachhochschule Vorarlberg angefertigt haben.[1] Jeder Aufsatz erläutert auf etwa zehn Seiten

- die in der Diplomarbeit abgehandelte soziale Problemstellung,
- das erkenntnisleitende Interesse und die Ziele der Arbeit,
- die sozialarbeitswissenschaftliche Theoriebasis der Arbeit sowie relevante wissenschaftliche Erkenntnisse mit Bezug zur Problemstellung,

---

[1] Aus redaktionellen Gründen konnten die Arbeiten des Abschlussjahrgangs 2010 leider nicht mehr berücksichtigt werden.

- die gewählte empirische Methode mit Bezug zur Problemstellung und, last not least,
- zentrale Ergebnisse und Schlussfolgerungen, die sich aus der Abhandlung ergeben.

Die Arbeiten zeigen, dass von ihnen mindestens vier bedeutsame Effekte ausgehen: Erstens haben die Studierenden damit (plus der anschließenden mündlichen Prüfung) erfolgreich ihre akademische Erstausbildung abgeschlossen. Die Diplomurkunde und der urkundlich relevante Titel „Magistra/Magister FH" sind äußeres Kennzeichen eigener Professionalisierung. Zudem ermöglicht der Studienabschluss nach österreichischem Recht, ein einschlägiges Doktoratsstudium an einer österreichischen Universität zu absolvieren. Zweitens bieten die Arbeiten den Diplomierten Zugang zu einem konkreten sozialen Feld. Praxiskontakte ergeben sich zwar auch aus anderen Quellen des Studiums (z.B. über das Praktikum), aber mit der Diplomarbeit wird zusätzlich eine spezifische Expertise in einem sozialarbeiterischen Handlungsfeld nachgewiesen. Neben dem direkten Kontakt, der durch Zusammenarbeit mit sozialen Organisationen entsteht, wird dieser Aspekt oft bei Einstellungsverfahren mit berücksichtigt. Drittens nehmen gesellschaftliche Multiplikatorinnen und Multiplikatoren aus dem regionalen Umfeld einige Arbeiten gezielt wahr. So bekamen Elke Werle und Julia Zehentner für ihre Diplomarbeiten den in Vorarlberg beachteten Nachwuchspreis „Newway Award" zugesprochen. Eine Allianz aus Wirtschaft und Wissenschaft verleiht diesen Preis jährlich für innovative und unkonventionelle Diplom- und Masterarbeiten der Studiengänge an der FH Vorarlberg aus den Bereichen Wirtschaft, Technik, Gestaltung und Soziales. Aber auch nicht prämierte sozialarbeiterische Diplomarbeiten werden in Vorarlberg aufmerksam verfolgt, denn viertens bieten sie Impulse für die soziale Praxis und sind oft einstellungsrelevant. Unabhängig von der Benotung verteilen etliche Diplomierte ihre Arbeiten an externe Kooperations- oder Gesprächspartner, für welche die Arbeit bedeutsam sein könnte. Aus dieser Praxis ergab sich schon manch direktes Arbeitsangebot.

Somit besitzt die qualifikatorische Abschlussarbeit eine mehrfach konstruktive Funktion für die Absolventinnen und Absolventen, die regionale Soziallandschaft, aber auch für die allgemeine Professionalisierung und die Fachhochschule als praxisnahe Bildungsstätte mit hohem wissenschaftlichen Niveau. Abschlussarbeiten – wir dürfen begründet annehmen, dass dieses Axiom auch für Bachelor- und Masterarbeiten gilt – sind damit wesentlicher Meilenstein einer gelingenden, systemisch entwickelten Berufsbiographie.

Viele Systempartnerschaften haben in unserem Fall zum Erfolg beigetragen. Allen gebührt zweifelsohne ein besonderer Dank.

Zunächst danken wir einigen zentralen Kolleginnen und Kollegen der vormaligen Bregenzer Akademie für Sozialarbeit. Sie haben nicht nur das erste Curriculum für den Diplomstudiengang Sozialarbeit an der FH Vorarlberg entworfen und das erste Semester organisatorisch vorbereitet, sondern auch die nachfolgende Implementierung des Studiums kompetent mitgestaltet und seine Formen und Inhalte weiterentwickelt und vielseitig vermittelt. Im oben genannten Zeitraum wirkten sie aufgrund persönlicher biographischer Umstände in unterschiedlichem Ausmaß als so genanntes „Kernteam" und interne oder externe Lehrkräfte mit. Explizit zu nennen sind (in alphabetischer Reihenfolge): Heinz Allgäuer-Hackl, Johanna Hefel, Erika Geser-Engleitner (alle drei seit 2003 fortlaufend), Bernhard Krämer (2002-2007), Theresia Sagmeister (2002-2006), Christiane Schmid (2002-2009) und Answin Weissenborn (2002-2007).

Ergänzt wurden sie durch die langjährig erprobte Studiengangsadministratorin Barbara Kaiser (seit 2003 fortlaufend). Ihre profunde Kenntnis der Abläufe, Hintergründe und sozialen Netzwerke sowie ihr hoher Einsatz garantieren auch in den nachfolgenden Studienprogrammen Kontinuität und Verfahrenssicherheit – herzlichen Dank dafür. Weiterhin wurde und wird das Kernteam durch den Kollegen Elmar Fleisch vom psychologischen Weiterbildungsbereich des Bildungsträgers „Schloss Hofen" komplettiert (seit 2003 fortlaufend). Vielen Dank für seine innovativen und diskursfördernden Impulse, die sich in etlichen Elementen aller sozialarbeiterischen Studiengänge an der FHV wiederfinden.

Im Zuge der Jahre variierte die Beteiligung im Kernteam und im Kreis der FH-internen Hochschullehrenden. Als interne Hochschullehrende kamen hinzu: Martina Bauer (2005-2007), Doris Böhler (seit 2008 fortlaufend), Hermann Denz (✝) (2004-2006), Christian Dorn (seit 2005 fortlaufend), Wolfgang Walter (seit 2008 fortlaufend). Johanna Hefel gilt der Dank insbesondere für den Aufbau und ihr enormes Engagement im Bereich der Praktika und der Praxiskontakte sowie der Lehr- und Studiengangsunterstützung. Christian Dorn und Martina Bauer brachten zusätzliche sozialarbeiterische, sozialmedizinische und sozialpädagogische Impulse in das Studium ein. Der leider zu früh verstorbene Kollege Hermann Denz förderte u.a. mit seiner wissenschaftlichen Expertise die akademische Professionalität – seine „Handschrift" zeigt sich auch in den Konzepten etlicher Diplomarbeiten. Wolfgang Walter führt sehr erfolgreich die wissenschaftliche Qualitätsentwicklung des Diplom-, Bachelor- und Masterstudiums fort und setzt dabei fachliche Impulse in seinen Spezialgebieten. Doris Böhler bringt als dritte FH-interne Sozialarbeiterin neben Johanna Hefel und Martina Bauer den wichtigen Part der sozialarbeiterischen Profession in die Lehre und Weiterentwicklung der Studiengänge ein und regt den Diskurs stets mit Blick auf die Berufsbildung an. Ohne die Mitwirkung aller genannten Kolleginnen und Kollegen ab Studienbeginn im Wintersemester 2002 wäre die auf hohem Niveau stattfindende Umsetzung des Sozialarbeitsstudiums an der FH Vorarlberg unmöglich.

Ein weiterer Dank geht an die Mitglieder der Expertenkommission zur Überführung des Diplomstudiums in den Europäischen Hochschulraum. Dieses rechtlich vorgeschriebene Gremium hat die Aufgabe, das Sozialarbeitsstudium im Rhythmus von fünf Jahren zu reakkreditieren. [2] Es wird zu einem guten Teil durch einige der oben genannten Kolleginnen und Kollegen gebildet. Hinzu kamen im Zuge der Umstellung auf das Bologna-System der Kollege Hans-Jörg Walter, emeritierter Professor der Universität Innsbruck, sowie Martin Bentele, Vorarlberger Sozialarbeiter, Vorstand des regionalen Berufsverbands und Leiter des sozialen Weiterbildungsbereichs beim Träger Schloss Hofen. Beiden ist sehr für ihre wertvolle und kompetente Mitwirkung bei der Umgestaltung des Diplomstudiums in das Bachelor- und Masterstudium zu danken.

Für eine erfolgreiche Studienumsetzung erweist sich stets auch das Netzwerk zu regionalen Organisationen aus dem Sozialbereich als bedeutsam. Hiermit danken wir allen Vorarlberger Arbeitgeber-Organisationen für ihre kontinuierliche unterstützende Netzwerkarbeit in Bezug auf Bereitstellung von Praktikumsplätzen, Mitwirkung bei den Aufnahmeverfahren, Entsendung von Fachreferentinnen und Fachreferenten, Kooperationen in Studienprojekten und – das bezieht sich auf 15 spezifische Einrichtungen – ihr Mitwirken im Fachbeirat. Das Netzwerk ist dermaßen umfangreich, dass es ungerecht wäre, hier einzelne Protagonisten oder Einrichtungen besonders herauszuheben. Der Dank geht daher an alle kooperierenden Organisationen wie auch an die assoziierten Stellen und Personen in der Vorarlberger Landesverwaltung. Alle tragen im Außenfeld wesentlich dazu bei, dass unsere Studierenden Praxisnähe und damit nach Studienabschluss eine reale Chance auf dem Arbeitsmarkt erhalten.

Apropos Praxisnähe: Etwa 50 Prozent der Lehre wurde und wird von externen Fachkräften der regionalen und, teilweise, überregionalen sozialen Praxis umgesetzt. Dieses Prinzip der engen Koppelung akademischer Lehre – die durchaus auch auf umfassende vormalige wie aktuelle Praxisanbindung basiert – mit Lehrkräften, die ausschließlich aus der sozialen Praxis stammen, wird im Bachelor- und Masterstudium erfolgreich fortgesetzt. Wir bedanken uns daher bei den vielen externen Fachreferentinnen und -referenten der sozialen Handlungsfelder (aktuell sind es mehr als 40 Personen), die seither gemeinsam mit

---

[2] Gemäß österreichischem Fachhochschul-Studiengesetz haben FH-Studiengänge einen Lebenszyklus von fünf Jahren. Vor Ablauf dieses Zeitraums arbeitet ein Entwicklungsteam daran, das Curriculum auf der Basis von Akzeptanz-, Kohärenz- und Bedarfsanalysen anzupassen und zu variieren. Der Prozess mündet in einen offiziellen Antrag der Fachhochschule zur Reakkreditierung des Studiengangs, den das österreichische Bildungsministerium letztlich – teilweise mit Auflagen versehen – bewilligt oder ablehnt.

den internen Hochschullehrenden Theorie und Praxis fruchtbar miteinander verknüpfen und teilweise auch in abschließenden Prüfungskommissionen tätig sind.

Ein besonderer Dank gilt den österreichischen Studiengangsleitungen der sozialarbeiterischen Studiengänge an anderen Standorten. Über die Jahre hat sich zwischen allen Fachhochschulen, die Sozialarbeitsstudien anbieten, ein bis dato kaum gezeigter kollegialer Austausch entwickelt, der trotz regionaler Unterschiede etliche Kooperationen hervorbrachte. Exemplarisch zu nennen ist die gemeinsame Herausgabe des Online-Journals „soziales kapital" [3], die gemeinsame Entwicklung eines national verbindlichen Kerncurriculums für den Austro-Bachelor „Soziale Arbeit" oder diverse, gemeinsam verfasste und vertretene Petitionen, mit denen die Studiengangsleitungen dem Ministerium spezifische Anliegen der Studienorganisation nahebrachten.

Weil der letzte Eindruck am stärksten hängenbleibt, danken wir abschließend herzlich den insgesamt fünf Generationen von Diplom-Studierenden und ihren Studienvertretungen. Vielen Studierenden war es bewusst, zu einer historischen Übergangsgeneration zu gehören, deren Ausbildung sich in einem Wandlungs- und Entwicklungsprozess befindet. Etliche gestalteten diesen Prozess aktiv mit, indem sie sich für studentische Anliegen über das persönliche Interesse hinausgehend engagierten. Die meisten identifizierten sich bereits während des Studiums stark mit der sozialarbeiterischen Profession und „ihrem" Handlungsfeld. Viele sind inzwischen auch als anerkannte Kolleginnen und Kollegen in der regionalen Sozialen Arbeit tätig, einige in der überregionalen. Einige Absolventinnen und Absolventen – an der FHV als Alumni organisiert und mit zahlreichen Aktivitäten und Initiativen sichtbar – setzen bereits heute die konstruktive Netzwerkbildung mit der FHV im Außenfeld fort. Immer mehr werden sicher zukünftig zum Kreis externer Lehrkräfte und Praxispartnerschaften gehören, der die Studien der Sozialen Arbeit in Vorarlberg gehaltvoll anreichert.

Viel Freude beim Lesen wünschen Ihnen

Frederic Fredersdorf & Michael Himmer

---

[3] Siehe: www.soziales-kapital.at

Inhaltsverzeichnis

Vorwort 5

Inhaltsverzeichnis 11

I Sozialarbeit an der Fachhochschule Vorarlberg studieren

Michael Himmer und Frederic Fredersdorf
Zur Entwicklung sozialarbeiterischer Studiengänge in
Österreich und Vorarlberg 15

Erika Geser-Engleitner
Eine sozialarbeiterische Diplomarbeit verfassen 23

II Junge Sozialarbeitswissenschaft

Miriam Alge
Jugend am Hof - Soziale Landwirtschaft für Jugendliche
mit Verhaltensstörungen in Vorarlberg 35

Marietta Bennati-Schranz
Soziale Arbeit im Tourismus am Beispiel der Region Pitztal,
Gemeinde St. Leonhard 45

Claudia Bernard
Trauma vs. Resilienz. Die Bedeutung der Ressourcen- bzw.
Resilienzorientierung in der Sozialen Arbeit 55

Ulrike Drexel
Gewalt in der Schule. Formen und Ausmaß von Gewaltanwendung
unter Schülerinnen und Schülern der 5. bis 8. Schulstufe
am Beispiel von Schulen der Stadt Dornbirn 65

Lars Güfel
Schwache Kinder stark machen: Vulnerabilität und Resilienz
im Kontext der Jugendpsychiatrie 75

Stefanie Hammerer
Was benötigen Kinder mit desorganisiertem
Bindungsverhalten? 87

Andrea Jakes
Das verlorene Selbst - Doppeldiagnosen und Komorbidität 97

Siegfried Kaspar
Arbeitssuchende Jugendliche in Vorarlberg 105

Marion Müller
Sexualität im Altersheim. Was kann Sozialarbeit zur gelebten
Sexualität alter Menschen im Seniorenheim beitragen? 115

Elke Werle
Wirkungsforschung in der Sozialarbeit – Ökonomisierung
oder neue Chance? 125

Julia Zehentner
Interkulturelles Mädchencafé in Dornbirn 135

Autorinnen und Autoren 145

I

Sozialarbeit an der
Fachhochschule Vorarlberg studieren

Zur Entwicklung sozialarbeiterischer Studiengänge in Österreich und Vorarlberg

Michael Himmer und Frederic Fredersdorf

„Nihil quo stat loco stabit (…) Nichts wird da stehen bleiben, wo es jetzt steht …" (Lautenbach 2002: 696).

In diesem Ausspruch Senecas erkennen wir ein Kernelement der jüngeren stoischen Geschichtsauffassung. Sie besagt, dass Lebensumstände sowohl auf gesellschaftlicher als auch individueller Ebene einem permanenten, zyklischen Wandel unterliegen (vgl. Wiener 2006: 223). Dieser philosophischen Erkenntnis mögen viele zustimmen, die das Glück hatten, Zeiten gesellschaftlichen Umbruchs zu erleben und sie in der ein oder anderen Form mitzugestalten. Im Falle Senecas (ca. 1 bis 65 n. Chr.) war es die Zeit um Christi Geburt bis zur Regierung Kaiser Neros, eine Zeit, die von sechs aufeinanderfolgenden Caesaren und massiven sozialen Veränderungen geprägt war. Im übrigen geht die philosophische Erkenntnis einer fortlaufenden menschlichen und gesellschaftlichen Entwicklung bereits auf Heraklit (ca. 520 – 460 v. Chr.) zurück, von dem der Ausspruch stammt:

„ ‚Panta rhei' – alles fliesst und folgert daraus: ‚Man steigt nicht zweimal in den gleichen Fluß'" (Grigoleit & Bornand 2004: 15).

Wohin floss und fließt nun aber die sozialarbeiterische Ausbildung in Vorarlberg? Zweifellos kann für sie eine dynamische Entwicklung verzeichnet werden, die innerhalb einer (Lehr)Generation durch mehrere Konstruktions- und Übergangsphasen gekennzeichnet ist (vgl. Allgäuer-Hackl u.a. 2006: 12 ff, 83; Fredersdorf 2007):

- vor 1976: die Periode der sozialen Reformen Vorarlbergs in den 70er Jahren mit der Umwandlung der Lehranstalt für Gehobene Sozialberufe in die Akademie für Sozialarbeit (ASAV) im Jahr 1976;

- zwischen 1976 und 1987: die zunächst stark ethisch-philosophisch geprägte, *zwei*jährige Ausbildung zur Sozialarbeit an der Bregenzer ASAV;
- zwischen 1987 und 2005: die im methodischen und theoriebezogenen Bereich zunehmend professionalisierte *drei*jährige Ausbildung zur Sozialarbeit an der ASAV;
- zwischen 2001 und 2010: das vierjährige Studium „Sozialarbeit" an der Fachhochschule Vorarlberg im Rahmen eines Diplomstudiengangs, das einen wissenschaftlichen Anspruch integrierte und erstmals eine hochschulische Qualifikation bot;
- ab 2007 mit der Institutionalisierung des europäischen Hochschulraums: das dreijährige Bachelor-Studium „Soziale Arbeit" an der Fachhochschule Vorarlberg, das auf einem Bundesland übergreifenden sozialarbeiterischen Kerncurriculum basiert und in seinen hochschulischen Prinzipien den „Dublin Descriptors" für europäische Bachelor-Studien folgt; [1]
- ab 2010: das zweijährige Masterstudium „Soziale Arbeit" an der Fachhochschule Vorarlberg mit den Vertiefungsrichtungen „Klinische Soziale Arbeit" und „Interkulturelle Soziale Arbeit", das auf den Bachelor vertiefend aufsetzt, gleichzeitig einen breiten Zugang für andere Studienrichtungen vorsieht und damit seinen hochschulischen Prinzipien ebenfalls den „Dublin Descriptors" für europäische Master-Studien folgt.

Innerhalb von etwa 35 Jahren wandelte sich also die Vorarlberger Qualifizierung für die Sozialarbeit / Soziale Arbeit immens in Bezug auf Ausbildungszeiten, curriculare Inhalte, Protagonisten, Trägerorganisationen sowie strukturelle und gesellschaftliche Rahmenbedingungen. Wie es Veränderungsprozesse häufig mit sich bringen, finden in derartigen Umbruchphasen stets intensivierte und kontroverse Debatten um die Vergangenheit, Gegenwart und Zukunft einer Ausbildung und ihrer Reputation auf dem Arbeitsmarkt statt. So wurde z.B. die Ausbildung an der Vorarlberger Akademie für Sozialarbeit laut Bernhard Krämer – einem Akademie-Lehrenden der annähernd „ersten Stunde", der auch den Übergang zum Vorarlberger FH-Diplomstudiengang kompetent mitgestaltete – in ihrer Anfangszeit immer wieder in Frage gestellt (Allgäuer-Hackl u.a. 2006: 84). Desgleichen geschah bei der Umwandlung des Diplomstudiums in das Bachelor-Master-System. Die Staffelung in ein dreijähriges Bachelor- und ein zweijähri-

---

[1] Von der „Joint Quality Initiative" der EU entwickelt, stellen die Dublin Decriptors eine europaweite Vorgabe für zentrale Kompetenzen dar, um EU-Bildungsabschlüsse auf Bachelor-, Master- und Promotionsniveau vergleich zu gestalten. Während Bachelor-Kompetenzen eng auf anwendungsorientierte Aufarbeitung von Wissensbeständen ausgerichtet sind, erfüllen Master-Studien gemäß der Deskriptoren den Anspruch, Wissen auf elaboriertem, komplexem Niveau zu integrieren und zu verbreiten (Marian 2007: 81 ff).

ges Master-Studium irritierte das Praxisfeld (Pantucek 2008: 24). Obzwar von der europäischen „Joint Quality Initiative" gegenteilig begründet, wurde sie eher als Deprofessionalisierung wahrgenommen denn als weiterer Schritt zur Professionalisierung innerhalb einer fünfjährigen Studienzeit (Wilfing 2005).

In Deutschland blieben im Zuge des Umbruchs vom Diplom- auf das Bachelor-Master-System hochschulische Abstimmungen und gemeinsame Entscheidungen „weitgehend außen vor". Trotz einiger überregionaler Symposien wurden gemeinsame Strategien und Vorhaben weder national noch international breit realisiert (Kruse 2004: 202). Anders in Österreich: Hier entwickelten die Leitungen der sozialarbeiterischen FH-Studiengänge ein gemeinsames Basis-Curriculum für die Bachelor-Ausbildung. Dieses ist überregional vergleichbar in Bezug auf zu vermittelnde Kernkompetenzen, pädagogische Prinzipien und einen Kanon von zwanzig Modulen von denen mindestens 60% in regionalen Bachelor-Curricula enthalten sein müssen (vgl. Fredersdorf 2007). Außerdem achteten die Gründerinnen und Gründer darauf, den sozialarbeiterischen Anspruch des Diplomstudiums, nämlich in Theorie und Praxis für eine generalistische sozialarbeiterische Tätigkeit auszubilden, in der Weiterentwicklung des Studiengangs zu bewahren.

Aus dem Kreis der österreichischen Bachelor-Gründer artikuliert sich nach Abwägen aller bekannten Pro-und-Kontra-Argumentationen Heinz Wilfing befürwortend für das neue (europäische) Studienprinzip. Wilfing gehört der Generation von praxisfundierten Akademieleitern und -leiterinnen an, die den Übergang an die österreichischen Fachhochschulen und später, als Studiengangsleiter am FH-Campus Wien, die Integration der sozialarbeiterischen Ausbildung in den europäischen Hochschulraum auf regionaler und nationaler Ebene aktiv formte. Er wagt folgende „optimistische Aussicht":

„In Österreich wird das Bachelor-Master-Modell des Studiums Sozialer Arbeit 2007 starten. Das Bakkalaureat bereitet die Studierenden auf den Berufseinstieg vor, auf zweiter Stufe erwerben sie im Masterstudium eine Spezialisierung auf höherem wissenschaftlichen Niveau, (…) Von diesem Modell können mehr Bewerber und Bewerberinnen mit beruflicher Vorpraxis sowie erhöhte Arbeitsplatzchancen für die Absolvierenden erwartet werden." (Wilfing 2005: 202). „Der Markt an sozialen Professionen wird eine funktionsspezifische Diversifikation erfahren, eine persönliche Karriereplanung erscheint dann zwar komplexer, ist aber mit dem jeweilig persönlichen Lebensentwurf auch zeitlich besser abzustimmen. Sackgassen werden reduziert, das System wird durchlässiger." (ebd., S. 207).

Der Diskurs um eine professionelle sozialarbeiterische Ausbildung bezieht sich nicht nur auf den europäischen Hochschulraum. Er wird bereits seit den 1970er Jahren geführt (vgl. Schnurr 2008) und mit der Einführung des FH-

Diplomstudiums aktualisiert. Eine Retrospektive von Beiträgen in der praxisbezogenen Fachzeitschrift „Sozialarbeit in Österreich" zeigt, dass dieses Thema der eigenen Profession bereits zuvor und seit längerem mit Fragen nach dem Verhältnis von Staat, Markt, Subsidiarität und Solidarität unauflöslich verknüpft ist.

Der fortschreitende Diskurs verwies rasch darauf, dass aktuelle qualitätsbezogene Ansätze in der Sozialen Arbeit nicht nur betriebswirtschaftlich konnotiert sind, sondern durchaus verantwortungs- und handlungsethisch im Sinne einer klientenbezogenen und zusätzlich sich selbst kritisch hinterfragenden Sozialarbeit (Meusburger & Paulischin 2007: 176). Was die einen als Abbau solidarischer Prinzipien und Aufbau von Regularien interpretieren, bewerten die anderen als notwendige Auseinandersetzung mit Fragen nach einer evidenzbasierten, nutzenstiftenden, effektiven und nach wie vor ethisch begründeten Sozialen Arbeit. Diese hat ihr Trippelmandat zwischen ethischen (und politischen) Wertvorstellungen, organisationalen Anforderungen und gesellschaftlichen Rahmenbedingungen angemessen auszuüben. Heiko Kleve – Sozialarbeiter, Soziologe und Professor der Sozialen Arbeit an der Fachhochschule Potsdam – diagnostiziert, wie schwer sich die Protagonisten dabei tun: Da die sozialarbeiterische Profession keine „Entweder-oder-Profession", sondern eine „Sowohl-als-auch-Profession" sei und eine offene Identität besitze, müsse sie einen angemessenen Umgang mit gesellschaftlichen Widersprüchen – und wir dürfen hinzufügen: mit gesellschaftlichem Wandel im Ausbildungssektor – erst entwickeln (ebd.: 177 f).

Erschwerend hierfür wirkte sicher die Integration der sozialarbeiterischen Ausbildung in den österreichischen FH-Sektor und die rasch folgende Umstellung auf den europäischen Hochschulraum. Inwiefern aber der ausbildungsspezifische Wandel auch einen Professionalisierungsschub leistet, betont der Gründervater der deutschsprachigen Professionsdebatte in der Sozialen Arbeit, Hans Uwe Otto. Er erkennt für die Professionalisierung der Sozialen Arbeit in der Umstellung auf das Bologna-System nichts Geringeres als eine „Jahrhundertchance": Mit dem Bachelor-Master-System können seines Erachtens neue Perspektiven entwickelt und „alte Mauern" eingerissen werden, wodurch eine Sicht auf bislang verstellte Möglichkeiten entsteht (Otto 2007: 109, in Friesenhahn, Lorenz & Seibel 2008: 103). Ähnlich bewertet Elke Kruse, Professorin für Soziale Arbeit an der Alice-Salomon-Hochschule Berlin, den ausbildungsbezogenen Wandel mit Blick auf das fünfjährige konsekutive Studium der Sozialen Arbeit:

> „Mit der Einführung von Bachelor- und Masterstudiengängen bestehe historisch erstmalig die Chance, eine berufsfeldbezogene und wissenschaftsbasierte Grundausbildung zu garantieren. Unter Berücksichtigung der Erfordernisse des Arbeitsmarktes könne ein System von Ausbildungs- und Studiengängen entstehen, das einen flexiblen Ein- und Ausstieg auf den verschiedenen Ebenen, die Besetzung verantwort-

licher Positionen in der Praxis sowie Tätigkeiten in Forschung und Lehre für den eigenen wissenschaftlichen Nachwuchs ermögliche (...)." (Kruse in Eibeck 2009: 101).

Inmitten der hier nur knapp angerissenen Professionalisierungsdebatte und inmitten des ausbildungsbezogenen Wandels befindet sich nun das in Österreich historisch kurzlebige Diplomstudium Sozialarbeit. Wie oben geschildert, währte es in Vorarlberg zwischen 2002 (Immatrikulation des ersten Jahrgangs) und 2010 (Abschlussprüfungen des letzten Jahrgangs). Das generelle Kennzeichen des FH-Studiums kann mit der Formel „Kontinuität im Wandel" skizziert werden. Peter Pantucek, renommierter österreichischer Sozialarbeiter, Sozialforscher und FH-Studiengangsleiter in St. Pölten benennt – neben formalen Aspekten – vor allem den ständigen Diskurs zwischen Theorie und Praxis, welchen die Lehrenden zu repräsentieren und zu führen hätten, als eines der Hauptmerkmale sozialarbeiterischer FH-Studiengänge in Österreich (Pantucek 2002: 11). Kontinuität im Wandel meint also eine Anreicherung der vormaligen Akademie-Ausbildung um sozialarbeits- und sozialwissenschaftliche Grundlagentheorie, gezielte Theorie-Praxis-Verknüpfung und Empirie.

Alle Ausbildungsbereiche weisen an der Fachhochschule Vorarlberg stets einen erklärten evidenzbasierten Bezug zur sozialarbeiterischen Praxis in ihren ethischen Fundamenten, Methoden, Handlungsfeldern und Lebenswelten von Klientinnen und Klienten auf. Das ist nicht nur im Curriculum durch Lehrveranstaltungen und -inhalte entsprechend angelegt, sondern auch explizite hochschuldidaktische Strategie. Strukturell manifestiert sich dieser Anspruch im Studiengang Sozialarbeit durch einige bedeutende Merkmale: die Integration von externen SozialarbeiterInnen in das jährliche Aufnahmeverfahren beim Bachelor,[2] durch die Integration von externen sozialen Praktikerinnen und Praktikern in die Lehre, welche etwa 40 bis 50 Prozent des Lehrdeputats abwickeln (das sind mehr als 40 externe Lehrbeauftragte im Bachelor)[3], durch eine zentrale Praxiskoordination aus den Reihen der Lehrenden und eine enge Kooperation mit den PraxisanleiterInnen in den Organisationen, durch eine Theorie-Praxis-Verknüpfung in spezifischen Seminaren, durch studentische Forschungs- und Entwicklungsprojekte, die mit und für Partner der regionalen Soziallandschaft

---

[2] Da die Zahl von Studienplätzen an FH-Studiengängen seitens des Bundes begrenzt ist, sind bei erhöhter Nachfrage qualifizierte Aufnahmeverfahren notwendig. In Vorarlberg bewerben sich auf die sozialarbeiterischen Diplom- und Bachelorstudiengänge seit 2002 jährlich zwischen 120 und 140 Personen auf 30 freie Studienplätze.

[3] Eine Quote von mindestens 40% externen Lehrenden aus der Praxis gehört zur hochschuldidaktischen Strategie der FH Vorarlberg, um u.a. dadurch eine enge Praxisanbindung zu gewährleisten. Diese Quote wurde bislang in allen sozialarbeiterischen Studiengängen eingehalten.

umgesetzt wurden, durch die Installierung eines Fachbeirats von relevanten regionalen Arbeitgebern,

Die in diesem Band vorgelegten exemplarischen Skizzen von Diplomarbeiten der Jahre 2006 bis 2009 verdeutlichen diesen integrativen und evidenzorientierten Ansatz in Lehre, Forschung und Studienorganisation. Zunächst sind sie Zeichen eines mit besonders gutem Ergebnis abgeschlossenen sozialarbeiterischen Diplomstudiums. In ihrer Themenstellung und qualifikatorischen Anlage bedeuten sie jedoch mehr. Die hier präsentierten Diplomarbeiten stellen eines anschaulich dar: Das Sozialarbeitsstudium an einer österreichischen Fachhochschule hat nach wie vor die Lebenswelt späterer Zielgruppen auf einer professionellen ethischen Basis im Blick sowie die spezifische Funktion der Sozialarbeit im Kontext ihres dreifachen Mandats. Beides gelingt durch Integration und Verknüpfung sozialarbeiterischer, sozialarbeitswissenschaftlicher und sozialwissenschaftlicher Theorie mit realen Fällen und Problemlagen sozialer Praxis sowie durch die in Ansätzen realisierte Umsetzung wissenschaftlicher Entdeckungs- und Erklärungsmethoden.

Nun sind Diplomarbeiten trotz dieses gehobenen Anspruchs nicht mit elaborierten Wissenschaftsbeiträgen renommierter Fachleute gleichzusetzen. Denn unabhängig von individuell unterschiedlich ausgeprägten Kompetenzen kann ein in Forschungsinstituten übliches Niveau aufgrund der kurzen Anfertigungszeit einer Diplomarbeit, und dies zudem als qualifikatorische Einzelarbeit, nie erreicht werden. Derartiges erwartet auch niemand, weder die Diplomierten noch ihre Lehrenden oder die geneigten Leserinnen und Leser. Wenn wir dennoch eine Ausstellung gut gelungener Diplomarbeiten wagen und den Autorinnen und Autoren eine Publikationschance einräumen, erfüllt dies einen anderen Zweck. Wie es der Titel des Sammelbands suggeriert, wollen wir nämlich damit die junge Sozialarbeitswissenschaft fördern und einen kleinen Beitrag zur Ausprägung ihres evidenzbasierten Habitus leisten. Denn gemäß eines aktuellen, empirisch begründeten Professionsideals besteht der sozialarbeiterische Habitus in einer Kombination aus ethischen Grundlagen, methodischen Kompetenzen und wissenschaftsbasiertem Fallverstehen:

> „Als grundlegend für einen professionellen Habitus der Sozialen Arbeit erachten wir die folgenden Komponenten: a) ein spezielles Berufsethos, b) die Fähigkeit zur Gestaltung eines Arbeitsbündnisses und c) die Fähigkeit des Fallverstehens unter Einbeziehung wissenschaftlicher Erkenntnisse." (Becker-Lenz & Müller 2009: 210).

Zumindest das erste und dritte Element können wir in den Diplomarbeiten deutlich erkennen und in den hier vorliegenden Skizzen explizit oder zumindest implizit entdecken. Hochschulische Abschlussarbeiten besitzen damit nicht nur eine qualifikatorische, sondern auch eine bildende Funktion im emanzipativen Sinn des Wortes „Bildung". Das heißt, sie initiieren autonom ablaufende Selbststeuerungsprozesse, innerhalb derer innere und äußere Ansprüche und Herausforderungen angemessen verarbeitet werden können – was nichts Geringeres bedeutet als eine gehobene Grundforderung an die sozialarbeiterische Profession zu realisieren (vgl. ebd.: 203).

Mit großer Spannung sind nun in den nächsten Jahren vergleichbare Beiträge und Effekte von Bachelor- und Master-Arbeiten zu erwarten. Mehrere Gründe sprechen für diese Annahme: Das Bachelorstudium beinhaltet zwei Bachelorarbeiten. Das Bachelor-Master-Studium ist gegenüber dem Diplomstudium um ein Jahr verlängert. Das Master-Studium Soziale Arbeit ist in Vorarlberg berufsbegleitend angelegt und wird verstärkt in der sozialen Praxis tätige Zielgruppen ansprechen. Es bietet umfangreichere methodische und fachwissenschaftliche Vertiefungen. Und es führt die Tradition des Diplomstudiums vertiefend fort, reale empirische Studienprojekte mit regionalen Partnern zu gestalten und umzusetzen.

Für das Masterstudium interessieren sich Kolleginnen und Kollegen, die einen vormaligen Akademie-Abschluss als DiplomsozialarbeiterInnen vorweisen, FH-DiplomabsolventInnen und Bachelor-Studierende mit einschlägiger Ausbildung aber auch AbsolventInnen mit anderen Abschlüssen (zum Beispiel PädagogInnen, PsychologInnen, etc). Die Integration der drei sozialarbeiterischen Ausbildungsgenerationen sowie artverwandter AbsolventInnen verspricht für den Master einen breiten Diskurs. Die Integration verlangt den Mut, sich auf Änderungen und neue Entwicklungen einzulassen; sie verlangt Achtsamkeit für die Sozialarbeit und ihre Profession und schlägt letztlich eine Brücke über den Fluss des historischen Wandels, wie ihn Heraklit vor Augen hatte.

Literatur

Allgäuer-Hackl, Heinz; Denz, Hermann; Greussing, Kurt & Matt, Hubert (2006): Sozialpolitik und Sozialarbeit in Vorarlberg 1970-2010. Regensburg.

Becker-Lenz, Roland & Müller, Silke (2009): Die Notwendigkeit von wissenschaftlichem Wissen und die Bedeutung eines professionellen Habitus für die Berufspraxis der Sozialen Arbeit. In: Becker-Lenz, Roland; Busse, Stefan; Ehlert, Gudrun & Müller, Silke (Hrsg.) (2009): Professionalität in der Sozialen Arbeit. Stanpunkte, Kontroversen, Perspektiven. Wiesbaden: 195-222.

Eibeck, Bernhard (2009): Strukturen für ein Studium der Schulsozialarbeit. In: Pötter, Nicole & Segel, Gerhard (Hrsg.) (2009): Profession Schulsozialarbeit. Wiesbaden: 87-104.

Fredersdorf, Frederic (2007): Soziale Arbeit in Österreich studieren. In: Soziale Arbeit. 2/2007: 49-56.

Friesenhahn, Günter; Lorenz, Walter & Seibel, Friedrich (2008): Ausbildung für eine europäische Soziale Arbeit. In: In: Bielefelder Arbeitsgruppe 8 (Hrsg.) (2008): Soziale Arbeit in Gesellschaft. Wiesbaden: 96-104.

Grigoleit, Andrea & Bornand, Jilline (2004): Philosophie: Abendländisches Denken im Überblick. Zürich.

Kruse, Elke (2004): Stufen zur Akademisierung. Wege der Ausbildung für Soziale Arbeit von der Wohlfahrtsschule zum Bachelor-/Mastermodell. Wiesbaden.

Lautenbach, Ernst (2002): Latein-Deutsch: Zitaten-Lexikon: Quellennachweise. Münster.

Marian, Florica (2007): Kompetenzorientierte Planung eines Curriculums. In: Wehr, Silke & Ertel, Helmut (Hrsg.) (2007): Aufbruch in der Hochschullehre. Kompetenzen und Lernende im Zentrum. Bern: 77-90.

Meusburger, Martina & Paulischin, Herbert (2007): Die Qualitätsdebatte in der Sozialarbeit. Die Entwicklung der Qualitätsdebatte auf Basis des Fachmagazins „Sozialarbeit in Österreich". In: EQUAL EntwicklungspartnerInnenschaft Donau – Quality in Inclusion (Hrsg.) (2007): Sozialer Sektor im Wandel. St. Pölten: 169-184.

Pantucek, Peter (2002): Das erste Jahr. In: Sozialarbeit in Österreich 3/2002: 10-12.

Pantucek, Peter (2008): Das Team an der FH St. Pölten: Lehren und Forschen für eine starke Profession. In: Sozialarbeit in Österreich 2/2008: 24-25.

Schnurr, Stefan (2008): Die Durchsetzung der Profession als Selbstfindungsprojekt der Disziplin – Hans Uwe Otto und die Professionalisierungsdebatte in der Sozialen Arbeit. In: Bielefelder Arbeitsgruppe 8 (Hrsg.) (2008): Soziale Arbeit in Gesellschaft. Wiesbaden: 147-161.

Wiener, Claudia (2006): Stoische Doktrin in römischer Belletristik. München

Wilfing, H.: Zur Ausbildung in Österreich – Evidence based social work. In: Soziale Arbeit 5-6/2005: 202-208.

Eine sozialarbeiterische Diplomarbeit verfassen

Erika Geser-Engleitner

Eine Diplomarbeit ist unabdingbare Voraussetzung für die Zulassung zur Diplomprüfung, welche den Abschluss des Studiums darstellt. Im Antrag auf Anerkennung des Studienganges Sozialarbeit der Fachhochschule Vorarlberg ist hierzu festgehalten:

> „Bei der Abfassung der Diplomarbeit hat die Studierende durch die selbständige Erarbeitung eines Themas auf einem für den FH-Studiengang Sozialarbeit relevanten Fachgebiet den Erfolg der Berufsausbildung auf wissenschaftlicher Grundlage darzutun." (FHV 2002: S. 69)

Die Lernziele der Diplomarbeit sind wie folgt ausgeführt:

> „Die Studierenden fertigen abschließend eine umfangreiche schriftliche wissenschaftliche Arbeit an. Sie zeigen darin den wissenschaftlichen Diskussionstand zum gewählten Thema auf und nehmen in ihren theoretischen, empirischen, deskriptiven und normativen Aussagen darauf kritisch Bezug. Die Diplomarbeit kann qualitativ-empirisch, quantitativ-empirisch oder theoriebildend angelegt sein, sollte jedoch stets einen direkten Bezug zur Sozialen Arbeit vorweisen. Mit ihr zeigen AbsolventInnen, dass sie ein Thema selbständig wissenschaftlich bearbeiten können und über inhaltliche und methodische Fachkenntnisse verfügen". (ebd.).

Soweit die formalen Richtlinien. Als Diplomarbeitsbetreuerin durfte ich zahlreiche Diplomarbeitsprozesse begleiten. Die Wahl des Themas, die Wahl des/der Betreuenden, das Erstellen eines Konzeptes und schließlich die Umsetzung des Konzeptes in Form einer Diplomarbeit ist ein sehr herausfordernder Teil der Ausbildung. Die Studierenden sind erleichtert und stolz, wenn die Arbeit endlich in gebundener Form vorliegt.

Im Zusammenhang mit dieser Veröffentlichung von Diplomarbeiten stellte sich mir die Frage, inwieweit außer für den formalen Abschluss die Diplomarbeit für den beruflichen Werdegang von Bedeutung war. Aus diesem Grund wurde eine Befragung der Absolventinnen und Absolventen per E-Mail durchgeführt. Sie bestand aus zwei offenen Fragen:

- War Deine Diplomarbeit für Deinen beruflichen und persönlichen Werdegang in irgendeiner Form von Bedeutung?
- Was würdest du zukünftigen Studierenden aufgrund Deiner Erfahrungen für das Verfassen derartiger Abschlussarbeiten raten?

Befragt wurden die Zielgruppen der letzten vier Jahrgänge (N=105). Die Rücklaufquote betrug 47%. Dazu muss angemerkt werden, dass nicht alle Mailanschriften aktuell sind und daher die Rücklaufquote als sehr hoch einzustufen ist. Die offenen Fragen wurden inhaltsanalytisch ausgewertet (nach Mayring 2003).

Auswirkungen der Diplomarbeit auf den beruflichen Werdegang

45% der Befragten geben an, dass das Verfassen der Diplomarbeit ihnen direkt beim beruflichen Einstieg geholfen hat bzw. sie aufgrund ihrer Diplomarbeit die Arbeitsstelle bekommen haben (vgl. Tab. 1). Die direkten beruflichen Auswirkungen beziehen sich auf inhaltlich-fachliche Kenntnisse, die durch die Diplomarbeit nachgewiesen wurden. Das derzeitige Tätigkeitsfeld ist in der Regel auch das Themenfeld, in dem die Diplomarbeit geschrieben wurde. Die Wahl des Themas ist damit für eine berufliche Verwertbarkeit wesentlich.

Tabelle 1: Auswirkungen auf den beruflichen Werdegang (n=49)

Direkte berufliche Auswirkungen	Indirekte berufliche Auswirkungen	Keine beruflichen Auswirkungen
22	13	14
45%	27%	28%

Folgende Aussagen wurden der Kategorie „direkte berufliche Auswirkungen" zugeordnet:

- Meine Diplomarbeit war perfekt für meinen derzeitigen Beruf;.
- Das Thema war entscheidend für die Stelle;.
- Bekam Stelle angeboten.
- Ich bin genau in diesem Handlungsfeld tätig und konnte durch meine Diplomarbeit bei Bewerbungsgesprächen punkten.
- Aufgrund des Know Hows, das ich mir im Zuge der DA aneignete, habe ich beim Bewerbungsgespräch gepunktet.

- Beruflich konnte ich schon während des Schreibens der DA in der Institution meine Arbeit antreten.
- Die Diplomarbeit bietet Möglichkeit, schon während des Schreibens bei Projekten mitzuarbeiten und mit zu konzipieren.

Fast alle Personen, die eine „Auftragsarbeit" (mit oder ohne monetäre Unterstützung) geschrieben haben, wurden bereits während der Erstellung der Diplomarbeit in Projekte, Konzepterstellungen u.a. eingebunden.

Weitere 27% der Befragten geben an, dass die Diplomarbeit indirekte berufliche Auswirkungen hatte. Unter „indirekte berufliche Auswirkungen" wurden folgende Aussagen zusammengefasst:

- Vor allem unmittelbar nach dem Studium hilft die Diplomarbeit bei Bewerbungen weiter.
- Der Chef hörte eine Präsentation, ich bekam daher den Job.
- Durch den Interviewpartner bin ich zur jetzigen Tätigkeit gekommen (war nicht meine Absicht).
- Wurde beim Bewerbungsgespräch danach gefragt und habe dann auch eine Arbeitsstelle bekommen.
- Wertvolle Kontakte zu Entscheidungsträgern.
- Jede gute Arbeit ist für den beruflichen Werdegang von Bedeutung, gleich welches Thema. Sie macht eine Person im „Kampf" um eine gute Stelle interessant.

So zeigt es sich, dass die Diplomarbeit vor allem für Menschen, die noch eher geringe Berufserfahrung vorweisen können, ein Produkt ist, an dem sie ihre Qualitäten sichtbar machen können. Auch bietet sie eine solide Basis für Bewerbungsgespräche. Über die Diplomarbeit lernen Studierende zudem im Zuge von Recherchen und Interviews Entscheidungsträger kennen, was für sie eine „unverbindliche" Möglichkeit darstellt mit berufsrelevanten Personen ins Gespräch zu kommen. Nicht zuletzt bieten Präsentationen von Diplomarbeiten eine „Bühne", um erworbene Fähig- und Fertigkeiten unter Beweis zu stellen.

Nur 28% der Befragten geben an, dass die Diplomarbeit ihrer Meinung nach keine Auswirkungen auf den bisherigen beruflichen Werdegang hatte. Folgende Aussagen wurden unter dieser Kategorie zusammengefasst:

- Für meinen aktuellen beruflichen Werdegang hat die DA (noch) keine Auswirkungen.

- Muss leider zugeben, dass die harte Arbeit (Diplomarbeit) für den Berufseinstieg nicht relevant war. … Das von mir gewählte Thema bezieht sich nicht direkt auf das Berufsfeld, indem ich jetzt arbeite.
- Beruflich nicht wirklich wichtig, für Abschluss gebraucht.
- Nur einmal darauf angesprochen, sonst von keinem Nutzen.

Doch auch bei derartigen Antworten stellt sich die Frage, ob diese Teilgruppe der Absolventinnen und Absolventen den Wert der eigenen Diplomarbeit vielleicht unterschätzt. Nur „das Thema" oder das Bewerbungsergebnis als relevant zu erachten greift nämlich zu kurz, weil die Fülle an mit der Arbeit erworbenen Sekundärkompetenzen unberücksichtigt bleibt. Gemeint sind weiter unten dargestellte Kompetenzen wie etwa eigenständiges wissenschaftliches Arbeiten, Durchhaltevermögen, Selbständigkeit, sich gehoben schriftlich ausdrücken zu können etc., welche oft einstellungsrelevant sind. Zudem bleibt offen, ob die Befragten nicht zuküftig in einem Feld aktiv werden können, für das sich die Diplomarbeit als relevant herausstellen mag. Letztlich ist es auch denkbar, dass diese Teilgruppe nur begrenzt eigene konstruktive Erfahrungen reflektiert, die im Zuge der Anfertigung gemacht wurden. Manch eine Absolventin, manch Absolvent vollzog in dieser Phase nochmal einen enormen individuellen Entwicklungsschritt, das darf aus Betreuungssicht guten Gewissens konstatiert werden.

Persönlicher Nutzen der Diplomarbeit bzw. des Diplomarbeitsprozesses

Neben den beruflichen Auswirkungen nannten 51% der Befragten explizit einen persönlichen Nutzen der Diplomarbeit bzw. des Diplomarbeitsprozesses. Eine Absolventin bringt diese Erfahrung treffend auf den Punkt, indem sie ihre Schreibphase als „eine prägende und lehrreiche Zeit" bezeichnet. Die Antworten wurden in drei Dimensionen zusammengefasst. Der Nutzen der Anfertigung einer Diplomarbeit liegt demnach im Gewinn von Selbstvertrauen und Anerkennung, im Erwerb neuer Fähig- und Fertigkeiten sowie in der persönlichen Bedeutung, die es mit sich bringt, ein spezifisches soziales Thema in bis dato nie vorhandener Tiefe und Zeit zu bearbeiten. Folgende Aussagen wurden unter diesen drei Dimensionen subsumiert:

Selbstvertrauen und Anerkennung:

- Viel Wissen gibt gutes Gefühl;
- Anerkennung beruflich und privat – gibt Selbstvertrauen;
- Selbstvertrauen, dass ich ein Projekt alleine umsetzen kann.;

- Soziale Anerkennung privat – Stolz auf mein Buch;
- Gutes Gefühl – Stolz.

Neue Fähigkeiten und Fertigkeiten:

- Frustrationstoleranz geübt (etwas sehr Wichtiges für angehende Sozialarbeiter) und eine Möglichkeit zur weiteren Orientierung über meine Stärken und Interessen;
- viele „Durststrecken" gab es dabei zu überwinden, viel Geduld und Arbeit, bis ein Ergebnis sichtbar war, ... eigentlich hat das Schreiben der Diplomarbeit viele Parallelen zum Leben!;
- Stück Persönlichkeitsentwicklung – Umgang mit eigenen Grenzen;
- wissenschaftliches Arbeiten hilft bei der Arbeit: Literaturtipps, Verfassen von Berichten, Entwicklung eines Konzeptes;
- Freude am wissenschaftlichen Arbeiten entdeckt – möchte mehr
- Versuch, die Realität möglichst genau aufzuzeigen. Dieser entstandene Ehrgeiz kann für spätere persönliche Aufgaben ebenfalls wieder entflammen;
- Meine Arbeit zu verteidigen und darüber zu kommunizieren.

Persönliche Bedeutung:

- Privates Engagement in diesem Thema;
- Im privaten Bereich von meinem Wissen und der Erfahrung profitiert.

Die abschließende Frage erkundete, was Absolventinnen und Absolventen zukünftigen Studierenden aufgrund ihrer Erfahrung für das Verfassen von derartigen Abschlussarbeiten raten würden. Da es zukünftig keine Diplomarbeiten geben wird, weil diese von Bachelor- und Masterarbeiten abgelöst werden, ist die Frage entsprechend allgemein gehalten. Weil die damit verbundenen Prozesse und Erfahrungen vergleichbar sind, lassen sich die gegebenen Antworten dennoch auf die neuen Studienrichtungen übertragen.

Empfehlungen richten sich auf Aspekte der Eigenorganisation, der Themenwahl, des strukturierten Verarbeitungsprozesses, der Netzwerkarbeit, des Bezugs zur Betreuungsperson und der Selbstvermarktung.

Eigenorganisation:

- Bevor die erste Zeile im Diplomarbeitsprozess geschrieben wird, prüfen: Ist dein Laptop o.k? Wenn nicht, schaff dir JETZT einen neuen an – meiner ist mittendrin eingegangen.

Themenwahl:

Der Forschungsprozess beginnt mit der Formulierung eines Problems bzw. eines vorläufigen Themas. Die Themenwahl und die Klärung der Motivation für die Themenwahl ist nach Angaben der Befragten wesentlich. Das Thema soll zu „einem passen". Es soll so interessant sein, dass man bereit ist, Monate intensiver Arbeit damit zuzubringen, ganz unabhängig von einer direkten Verwertbarkeit. Dieser Aspekt wurde mit Abstand am häufigsten genannt.

Mit der Themenwahl und entsprechender Qualität der Ausarbeitung kann die Diplomarbeit genutzt werden, um seinen beruflichen Werdegang positiv zu beeinflussen. Dies wird dann geraten, wenn man bereits Vorstellungen von dem Bereich hat, in dem man anschließend arbeiten möchte. Ganz generell wird auch empfohlen zu klären, was die Arbeit bezwecken soll. Nachstehend angeführte, zum Teil verdichtete, Aussagen verdeutlichen diesen Komplex in Bezug auf die Themenwahl.

- Das Thema muss unter den Nägeln brennen. Es muss mit wahnsinnigem Interesse und viel Neugier verbunden sein.
- Eine solche Arbeit wird automatisch mit Herz recherchiert und geschrieben, wodurch sie nicht nur zum reinen erreichen einer fachlichen Auszeichnung, sondern auch zu einem Teil des persönlichen und beruflichen Werdeganges wird.
- Themenwahl nach Interesse und nicht nach Trends.
- Die Diplomarbeit ist dann eine gute Möglichkeit, sich für den zukünftigen beruflichen Weg zu spezialisieren und den Zugang zu diversen Arbeitsstellen zu ermöglichen, wenn man bereits genaue Vorstellungen hat.
- Obwohl eine „Auftragsarbeit" zeitlich gesehen viel Zeit in Anspruch nimmt, (man will ja jedem gerecht werden) kann ich jedem/jeder nur empfehlen, sich nach einer solchen umzusehen. Das Wissen, dass die Diplomarbeit für die Praxis relevant sein wird, motiviert, die Fragestellung bestmöglich schriftlich umzusetzen.
- Überlege lange und gut, was zu dir passen könnte – im besten Fall hast du einen Job in der Tasche.

- Fand es förderlich, dass ich ein Thema aus meinem Langzeitpraktikum gewählt habe, d.h. ich hatte gute Kontakte, Unterstützung von Fachpersonen und eigene Erfahrungen in diesem Bereich gesammelt.
- Würde auch empfehlen, dass die Arbeit ein kritisches (sozialpolitisches oder gesellschaftliches) Thema bearbeitet. Aufgabe der Sozialen Arbeit ist es kritisch zu sein, und Missstände aufzudecken. Dafür sind Abschlussarbeiten sehr gut geeignet.
- Dann sollte ich mir im Vorfeld noch über die Frage klar werden für wen die Arbeit ist. Aufgepasst, die Verlockung ist groß, es allen recht zu machen, aber wer kann das schon.

Strukturierte Vorgangsweise:

Bevor das eher generelle Thema in eine Forschungsfrage umgewandelt werden kann, müssen die vorhandene Literatur und eventuelle Forschungsberichte aufgearbeitet werden. Dadurch wird verhindert, dass man entweder in seiner Arbeit hinter dem bereits erreichten Forschungsstand zurückbleibt, wichtiges und bereits vorhandenes Material nicht berücksichtigt oder bereits „erledigte" Fragen wieder aufgreift, anstatt sich neuen Aspekten eines Problems zuzuwenden. Erst wenn dieser Schritt gesetzt wurde, ist die spezielle Forschungsfrage aus dem Problembereich zu formulieren. Die Konstruktion der Forschungsfrage ist erfahrungsgemäß für die erste wissenschaftliche Arbeit eine zeitintensive und herausfordernde Tätigkeit. Zu diesem Abschnitt des Prozesses merkten die Befragten an:

- … dann das Lesen – früh genug damit zu beginnen – wirklich spannend wird es nämlich erst, wenn man sich schon einen bestimmten „Grundstock" angeeignet hat.
- Das Thema einschränken und auf Perfektionismus verzichten, weil immer wieder neue Aspekte dazu kommen.
- „Weniger ist mehr", vor allem in Bezug auf die Forschungsfrage.
- Alleine die Findung der Forschungsfrage(n) sowie der Aufbau und die Struktur der Arbeit, nicht zu vergessen die anfängliche Literaturrecherche, benötigen extrem viel Zeit und Ausdauer.

Erst, wenn die Forschungsfrage konstruiert ist, werden der Forschungsplan festgelegt und die Instrumente ausgewählt. Nicht selten fixieren in wissenschaftlichen Belangen unerfahrene Personen die Methode vor der Forschungsfrage. Bezüglich Methodik führten die Befragten an:

- Wissenschaftliche Methode wählen, bei der man sich nicht übernimmt.
- Früh mit Erhebungsmethoden beschäftigen; sinnvolle, auswertbare Fragen vorbereiten (d.h. sich Gedanken darüber zu machen, ob und wie sie auswertbar sind).

Sind Stichprobe und Auswertungstechnik bestimmt, kann das Material erhoben werden. Die Daten werden aufbereitet und analysiert, die Forschungsfrage wird zu beantworten gesucht. Die Erhebungsphase bietet die Möglichkeit mit Fachpersonen in Kontakt zu kommen. Dazu wurde angemerkt:

- Kontakt knüpfen und viel im „Feld" sein.
- Viel mehr forschen und Kontakte knüpfen, als ich es im Rahmen meiner Arbeit getan habe! Als Diplomand ist man (wenn man lästig genug ist) ja in einem geschützten Feld dazu befähigt, ganz viel in Organisationen, Thematiken „rumzustöbern", zu denen man im Berufsfeld nicht mehr so einen akzeptierten Zugang hat. Sich nicht abwimmeln lassen von diversen Absagen aus der Praxis...

Die Ergebnisse werden in Form eines Berichtes – der Diplomarbeit – dargestellt Hier die Erfahrungen unserer Befragten mit weiteren Aspekten der Eigenorganisation:

- Gutes Zeitmanagement mit Puffer.
- Nicht über jeden Satz nachdenken und meinen, er müsse perfekt sein. Erst einmal schreiben und anschließend die Seiten überarbeiten und die Sätze umformulieren. So hat man immerhin ein Stück geschafft und verliert weniger die Motivation. Überarbeiten wird man die Seiten so oder so, sehr, sehr oft.
- Gewissenhaft sein in deinen Ausführungen das Zitieren betreffend – von Anfang an – du ärgerst dich sonst später.
- Jedenfalls am Schluss Korrekturlesen lassen.

Und anschließend folgt die Selbstbelohnung:

- ..... zwei Tage vor Fristende abgeben und genüsslich ein Bier trinken und sich freuen, dass man einer der Ersten ist, die fertig gemacht haben ... (ich persönlich hatte selten einen so entspannten Tag).

Betreuungspersonen:

Eine besondere Bedeutung bekommen Betreuerinnen und Betreuer von den Befragten zugesprochen. Diese werden i.d.R. von den Studierenden gewählt; erst, wenn keine akzeptable Betreuungsperson ausfindig gemacht werden kann, erfolgt mit Hilfe der Studiengangsleitung eine Alternativlösung. Zusätzlich zur formalen Betreuung wird nicht selten informelle Hilfe bei Ehemaligen und Mit-Studierenden gesucht. Aus Sicht der Lehrenden ist erfreulich anzumerken, dass bei der Wahl der Betreuungsperson ab und an der fachliche vor dem Beziehungsaspekt rangiert, wiewohl diesbezüglich die Prioritäten bei den Studierenden individuell unterschiedlich gesetzt sind:

- Wähle deine(n) Betreuer(in) sehr gut aus – es geht nicht nur um Fachkompetenz, das Schreiben einer Diplomarbeit ist ein Prozess, wo auch die Betreuung /Sympathie füreinander eine wichtige Rolle spielt.
- Passende BetreuerInnen sind das A und O, nicht den Nettesten, sondern den Geeignetsten aussuchen.
- Gute, fachliche Unterstützung und MentorIn organisieren.
- Sich mit anderen KommilitonInnen zusammen zu tun und über verschiedene Ideen zu sprechen … es erweitert den Horizont und gibt die Möglichkeit, das Thema/ die Forschungsfrage aus verschiedenen Sichtweisen zu betrachten, welches man alleine nicht so kann.
- Bewahre die Nerven und hol dir Hilfe wo du Schwachpunkte hast!

Vermarktung:

Ist die Arbeit gebunden und eingereicht, kann die Verwertung beginnen. In Form von Vorträgen, Präsentationen in Fachteams, durch das Senden der fertigen Arbeit an unterstützende Stellen u.a. wird die Ernte der Arbeit eingefahren. Dazu wurde von den Befragten angemerkt:

- Mehr „Werbung in eigener Sache".
- Lass dir auch ein Exemplar für dich binden!

Schlussfolgernd kann gesagt werden, dass die Erstellung einer eigenständigen wissenschaftlichen Arbeit ein spannendes, aufwendiges aber auch lohnendes Unterfangen ist. Die berufliche und individuelle Bedeutung, die über die formale des Studienabschlusses hinausgeht, ist für Absolventinnen und Absolventen hoch. Für Betreuerinnen und Betreuer sind wissenschaftliche Arbeiten von Studierenden nicht nur eine gute Möglichkeit, eigenes Wissen weiterzugeben. Sie ermöglichen darüber hinaus eine intensive und bereichernde Begegnung mit jungen Menschen, die mit dem Anfertigen ihrer Arbeit einen wichtigen berufssozialisatorischen Schritt vollziehen. Es gilt abzuwarten, in welcher Form die Umstellung des Ausbildungssystems in das Bachelor- und Masterstudium mit ihren spezifischen Abschlussarbeiten die sozialarbeitcrische Profilbildung und den Einstieg ins Berufsleben zukünftig beeinflussen.

Literatur

FHV (Hrsg.) (2002): Curriculum zum Diplomstudiengang Sozialarbeit. Dornbirn (interne Quelle).
Mayring, Philipp (2003): Qualitative Inhaltsanalyse. Weinheim und Basel.

II

Junge Sozialarbeitswissenschaft

Jugend am Hof – Soziale Landwirtschaft für Jugendliche mit Verhaltensstörungen in Vorarlberg

Miriam Alge

In der heutigen Gesellschaft aufzuwachsen bedeutet für viele Jugendliche:

- abwesende Väter bzw. einen generellen Mangel an männlichen Bezugspersonen zu haben (auch in den Schulen etc.) (Wieners 1999: 36ff);
- mit überforderten alleinerziehenden Elternteilen zusammenzuleben (Myschker 2005: 122);
- in Patchwork-Konstellationen zu leben, in denen sie erst lernen müssen, sich zurecht zu finden;
- auflösende Wertesysteme und vordergründige Konsumorientierung;
- von Bildschirmen dominierte Freizeitgestaltung und Verlust der Verbindung zu Menschen, Tieren, Pflanzen und der Natur im Allgemeinen (Bergmann & Hüther 2007: 11, 12; Wunsch: 2009);
- einem hohen Leistungsanspruch gerecht werden zu müssen bei gleichzeitg vernachlässigter Bildung sozialer Kompetenzen;
- oftmals einen Überfluss an materiellen Gütern zu besitzen und demgegenüber zunehmend emotional vernachlässigt zu werden.

Dies sind einige der häufigstgenannten Faktoren, die in der Arbeit mit jungen Menschen auffallen und auch verstärkt zu Störungen in deren Sozialverhalten führen.[1] Von einem überangepassten Verhalten oder der klassischen Hyperaktivität, über ängstliche und depressive Züge, bis hin zur Delinquenz und erhöhten

---

[1] Für das normabweichende Verhalten Jugendlicher werden in Anlehnung an Norbert Myschker die Begriffe „Störungen des Sozialverhaltens" und „Verhaltensstörungen" verwendet. Diese Begriffe zeigen, dass nicht der Mensch an sich gestört ist, sondern ein Teil seines Verhaltens, und dass dieses „entstört", also regeneriert werden kann. Dazu benötigt es allerdings oft Hilfe von außen (Myschker 2005: 41f).

Gewaltbereitschaft sind die Auswirkungen eben dieser Störungen beobachtbar (Myschker 2005: 52).

„Jugend am Hof" ist eine Diplomarbeit, welche sowohl die gesunde Entwicklung junger Menschen als auch Verhaltensstörungen von Jugendlichen thematisiert. Die Arbeit geht darauf ein, wie der Einsatz von Sozialer Landwirtschaft [2] regional und international stattfindet. Zudem analysiert sie den nachgewiesen positiven Einfluss Sozialer Landwirtschaft auf Kinder und Jugendliche mit Verhaltensstörungen.

Ziel der Arbeit ist es, den Nutzen und die Auswirkungen Sozialer Landwirtschaft in Bezug auf die aktuellen gesellschaftlichen Veränderungen hervorzuheben. Gleichzeitig wird ergründet, welche Rahmenbedingungen es in Vorarlberg benötigt, damit ein soziallandwirtschaftliches Angebot für Jugendliche mit Verhaltensstörungen im Alter von 12 bis 15 Jahren durchgeführt werden kann (M. Alge 2009: 13).

Erklärungsmodelle zur Sozialen Landwirtschaft und deren Einfluss auf Jugendliche mit Verhaltensstörungen

Als geeignetes Werkzeug zur Ergründung des Phänomens Verhaltensstörungen und den darauf bezogenen Einfluss Sozialer Landwirtschaft, wurde der systemische Ansatz gewählt; dabei griff die Arbeit auf folgende Modelle und Theorien zurück:

- Die *W-Fragen* nach Silvia Staub-Bernasconi und Kasper Geiser (Staub-Bernasconi 1998: 126): Mittels dieses Instruments wurden drei Arbeitsschritte vollzogen: die Problemstellung wurde eruiert; sie wurde auf wissenschaftlichen Erkenntnissen beruhend erklärt und es wurde nach Lösungen und Wirkungen der Sozialen Landwirtschaft gefragt.
- Die *Prozessualsystemische Denkfigur* nach Silvia Staub-Bernasconi und Kasper Geiser (Geiser 2004: 357): Verhaltensstörungen zeigen auf sämtlichen Ebenen des menschlichen Daseins Auswirkungen. Um dies zu verdeutlichen, wurde die Prozessualsystemische Denkfigur verwendet, welche das Sein des Menschen in seine organischen Ressourcen, die sozialen und materiellen Gegebenheiten, die Aufnahmefähigkeit, die Fähigkeit der Informationsverarbeitung und jene des Handelns aufteilt. Weiters wurde anhand dieses Modells beobachtet, auf welchen

---

[2] Soziale Landwirtschaft wird in der Diplomarbeit als Eigenname verwendet und deshalb groß geschrieben. Der Ausdruck steht für eine soziale Dienstleistung, welche an landwirtschaftliche Strukturen gekoppelt ist.

Ebenen und wie sich Soziale Landwirtschaft auf das Verhalten junger Menschen auswirkt.
- Die *Theorie menschlicher Bedürfnisse* nach Werner Obrecht (Obrecht 1994: 15-20): Sie zeigt dezidiert auf, welche Bedürfnisse Menschen haben und konnte dadurch Orientierungshilfe bei der Frage geben, welche Bedürfnisse bei Jugendlichen mit Verhaltensstörungen nicht gestillt werden, bzw. wie sie durch Soziale Landwirtschaft gestillt werden können.
- Das Modell der ‚*Dimensionen der Lebensqualität*' nach Christoph Hackspiel (Hackspiel 2001: 1-6): In einer sehr plakativen und verständlichen Weise wird bei diesem Modell auf die Mikro- Meso- und Makroebene unserer Gesellschaft eingegangen. Zudem bringt dieses Konzept für jeden Systembereich die spirituelle Ebene zum Vorschein, welche gerade im Bereich der Verhaltensstörungen als bedeutsam zu erachten ist.

Um das theoretische Konstrukt zu veranschaulichen, werden im Folgenden zwei Prozessualsystemische Denkfiguren angeführt. Die erste beschäftigt sich mit den Auswirkungen von Verhaltensstörungen in den verschiedenen Kompetenzbereichen von Jugendlichen. Der hervorgehobene Text beschreibt die individuellen Bereiche, in denen Störungen auftreten können. Aus dem darunter befindlichen Text wird ersichtlich, was konkret beeinträchtigt wird. Die Beispiele in den Klammern zeigen letztlich auf, wie sich die Störungen äußern können. Hierbei fällt auf, dass Symptome durchaus kontrovers angelegt sein können (z.B.: Aggression - Depression). Das weist darauf hin, dass es vier verschiedene Typen von Störungsmustern gibt: aggressives, ängstlich- gehemmtes, sozial unreifes und delinquentes Verhalten.

Abbildung 1: PSDF zu Verhaltensauffälligkeiten

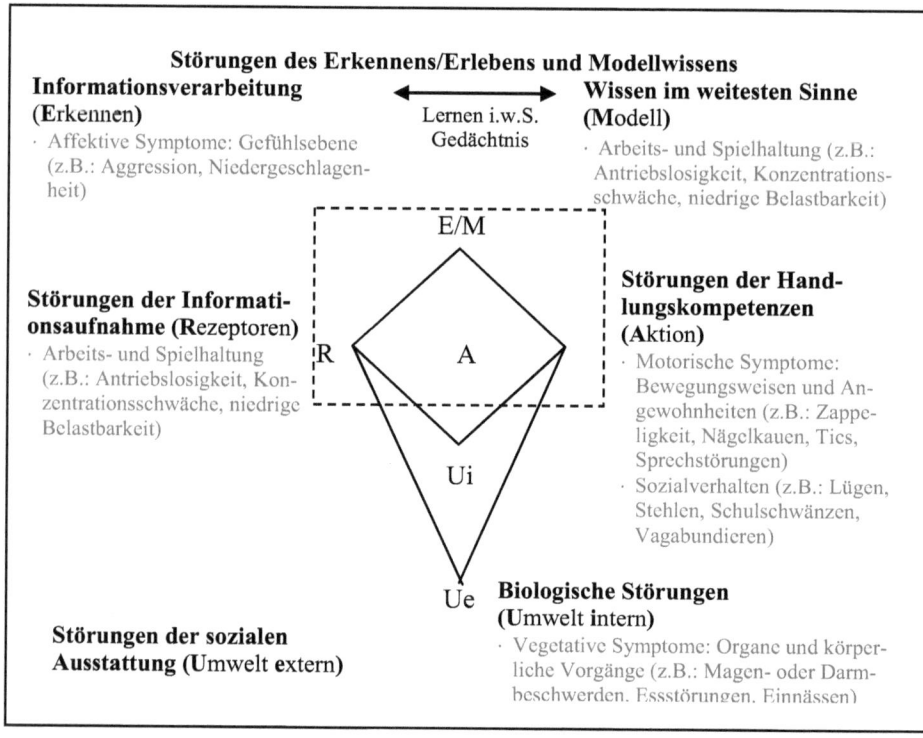

In der zweiten Prozessualsystemischen Denkfigur hat der Text eine ähnliche Bedeutung. Die darin präsentierten Ergebnisse stammen aus einer Studie von Frank Nestmann (F. Nestmann 1994: 2,3), sowie aus dem Sammelband „Horticulture as Therapy: Princeples and Practice" von Sharon P. Simson und Martha C. Straus (S. Simson, M. Straus 1998: 22, 26, 28, 216, 226). Sie verdeutlichen die konstruktiven Auswirkungen von Naturerleben (Landschaften, Tiere, Pflanzen) auf den Menschen. Vergleicht man nun die apostrophierten Auswirkungen des Naturerlebens mit den ungestillten Bedürfnissen und den Symptomatiken von Jugendlichen mit Verhaltensstörungen, wird offensichtlich, dass Soziale Landwirtschaft als ein Hilfsmittel zur gesunden Entwicklung dieser Jugendlichen angesehen und eingesetzt werden kann.

Abbildung 2: PSDF Zur Auswirkung Sozialer Landwirtschaft auf Jugendliche mit Verhaltensstörungen

Positive Auswirkungen auf das Erkennen/Erleben und Wissen

Informationsverarbeitung (E)
- Glücksgefühl, Beruhigung, Entspannung, Stressreduktion
- sich geliebt und angenommen fühlen, Geborgenheit
- Kontrolle und Kompetenz erleben
- Verantwortung, Macht

Wissen im weitesten Sinn (M)
- mehr Vertrauen, Empathie, Offenheit und Sympathie, Ausgeglichenheit, Ruhe durch positive Erfahrungen
- Steigerung von Selbstwert, -bild, -bewusstsein, -sicherheit
- Sinnhaftigkeit
- guter Umgang mit Macht, Verantwortung, Kontrolle

Verbesserungen der Informationsaufnahme (R)
- Sensibilisierung der Sinne und Informationsaufnahme
- bewusstes Wahrnehmen von anderen
- bewusstes Wahrnehmen und Wertschätzen der Natur

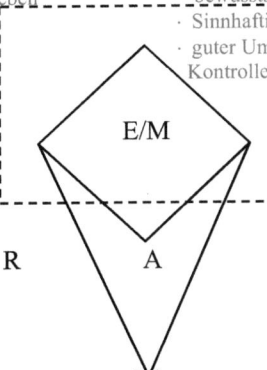

Verbesserungen der Handlungskompetenzen (A)
- Verbesserung der Motorik
- empathischer Umgang mit Tieren und Pflanzen → Menschen
- kooperativere Interaktion
- verminderte Aggressivität im Handeln
- Ausdrücken von Gefühlen und Emotionen wird gelernt
- Offenheit anderen gegenüber
- aktivere Teilnahme

Verbesserungen der sozialen Ausstattung (Ue)
- erleichterter Zugang zu Gruppen, Vereinen, Klassenkameraden
- neues Interessensgebiet und Kompetenzen
- Beziehungsförderndere Einstellung

positive biologische Auswirkungen (Ui)
- Stabilisierung von Kreislauf, Herz- und Atemfrequenz und Immunsystem, Stoffwechsel
- tiefere Atmung
- Schmerzlinderung und Beruhigung durch Ausschüttung von Dopamin und Endorphin
- Entspannung von Mimik, Gestik, Muskulatur
- heilend bzw. krankheitsvorbeugend
- Muskelaufbau, Verbesserung der Motorik

Forschungsmethoden

Der empirische Teil geht einerseits noch einmal auf die Wirksamkeit Sozialer Landwirtschaft für Jugendliche mit Verhaltensstörungen ein, andererseits legt er den Fokus darauf, welche Rahmenbedingungen für das Umsetzen eines soziallandwirtschaftlichen Projekts nötig sind. Hierzu wurden drei verschiedene Instrumente der qualitativen Sozialforschung verwendet:

- *Qualitative Interviews:* Sie generieren Informationen darüber, wie die Landwirte in Vorarlberg zu Sozialer Landwirtschaft stehen, wer die Personen sind, die am Thema interessiert sind, und welche Fragen Relevanz haben. Insgesamt wurden sechs qualitative Leitfadeninterviews mit Expertinnen/Experten geführt (nach H. Mayer 2004: 36, 37).
- *Expertinnen/Expertenworkshop mit diversen Forschungsmethoden:* Auf Basis der Ergebnisse aus den Leitfadeninterviews wurde ein Workshop durchgeführt, an dem 18 am Thema interessierte Personen teilnahmen. Diese arbeiten in den Bereichen Soziales, Landwirtschaft oder Soziale Landwirtschaft. Anhand fachspezifischer Gruppendiskussionen (nach Lamnek 2005: 35), eines vorwiegend quantitativen Fragebogens (nach Mayer 2004: 97f) und eines Worldcafés (nach Steier 2008: 167f, 172-176) wurden Daten gesammelt und schriftlich festgehalten. Hierbei ging es hauptsächlich darum, welche Erfahrungen die Personen mit Sozialer Landwirtschaft haben, und welche Rahmenbedingungen für die Umsetzung eines Projekts in Vorarlberg gegeben sein müssen.
- *Dokumentenanalyse*: Um auch die Sichtweise von betroffenen Jugendlichen zu integrieren, ergänzte die Dokumentation eines zehnwöchigen soziallandwirtschaftlichen Pilotprojekts für vier Jugendliche mit Verhaltensstörungen den empirischen Teil (nach Mayring 2002: 46).

Das Datenmaterial wurde anhand der qualitativen Inhaltsanalyse nach Mayring analysiert (Mayring 2002: 13). In einem ersten Schritt wurden alle Aussagen der gesammelten Informationen durchnummeriert und anschließend in Kategorien eingeteilt. Die unterschiedlichen Kategorien wurden dann in Bezug auf ihren Kerninhalt zusammen gefasst und als Gesamtergebnis des empirischen Teils analysiert und bewertet.

Fazit – Ergebnisse & Handlungsvorschläge

Die Antworten auf zwei im Interview gestellte Fragen spiegeln die wichtigsten Rahmenbedingungen für ein soziallandwirtschaftliches Projekt und dessen größten Risiken wider.

Demnach ist eine klar geregelte Finanzierung zentrale Bedingung eines Angebots. Zweitens müssen bestimmte Qualitätsstandards von Seiten der Höfe geboten werden, um für ein hochwertiges Angebot zu bürgen. Als drittwichtigste Faktoren gelten eine passende Aus- und Fortbildung der Landwirte und Landwirtinnen und die Beibehaltung einer ursprünglichen landwirtschaftlichen Arbeitsweise. Denn würde der überwiegende Teil der Arbeit maschinell erledigt, ginge der Bezug zur Natur verloren, und somit wäre der heilsame Effekt Sozialer Landwirtschaft verwässert.

Als weiterhin wichtig konnten herausgearbeitet werden: eine gute Zusammenarbeit zwischen den Systempartnern, das Vorhandensein von Ansprechpersonen für Anliegen der Landwirte/Landwirtinnen, eine Versicherung für die Jugendlichen, die Klärung der Kompetenzbereiche und Vernetzung verschiedener Angebote, eine fördernde und Sinn gebende Grundhaltung der Landwirte/Landwirtinnen sowie eine Lobby für das ganze Projekt.

Während sich die wichtigsten Punkte der Rahmenbedingungen relativ deutlich zeigten, waren die potentiellen Risikoquellen bei der Umsetzung soziallandwirtschaftlicher Projekte etwas breiter gefasst. Als größte Gefahren wurden eine unklare bzw. zu geringe Finanzierung, der Zeitmangel von Landwirten/Landwirtinnen, mangelnder Respekt gegenüber dem Projekt bzw. gegenüber den Jugendlichen und die mangelnde Zusammenarbeit von Systempartnern gesehen. Zudem wurden geringes Wissen, zu geringer Austausch mit anderen Anbietern als Gefahrenquellen für die Qualität soziallandwirtschaftlicher Angebote gesehen.

In Bezug auf die Akteure konnte konstatiert werden, dass sowohl Jugendliche, als auch Landwirte/Landwirtinnen bestimmte Bedingungen zur Teilnahme erfüllen müssen. Während bei Jugendlichen der Wille zur Mitarbeit förderlich ist, sollen Landwirte/Landwirtinnen über soziale Kompetenzen verfügen und fähig sein, Jugendliche in der Arbeit anzuleiten. Sozialpartner, die soziallandwirtschaftliche Projekte betreuen, haben idealer Weise ein Wissen über Landwirtschaft und sind fähig, sich in die Lage der Landwirte/Landwirtinnen zu versetzen.

Wie erwähnt, wurden im empirischen Teil der Arbeit weiterhin die Auswirkungen Sozialer Landwirtschaft auf Jugendliche mit Verhaltensstörungen erkundet. Hierbei deckte sich das Ergebnis mit den Literaturstudien des Theorieteils. Besonders im körperlichen und sozialen Bereich hat Soziale Landwirtschaft den

Experten/Expertinnen zufolge positive Auswirkungen auf die Entwicklung der Zielgruppe (sieben von elf Befragten beurteilten die Auswirkungen mit sehr gut, vier mit gut). Des Weiteren werden auch im kognitiven Bereich positive Effekte unterstellt (fünf von elf: sehr gut, vier: gut). In jenem der Seele bzw. Psyche stellten zumindest drei von elf Personen sehr gute Auswirkungen der Sozialen Landwirtschaft fest und fünf Personen gute. Drei Personen waren sich nicht sicher, welche Auswirkungen Soziale Landwirtschaft auf diesen Bereich der Persönlichkeit hat (M. Alge 2009: 93 – 105).

Nach dem Zusammentragen der Ergebnisse ist zu fragen, welche Konsequenzen sich daraus für die Umsetzung eines soziallandwirtschaftlichen Projekts in Vorarlberg ergeben. Wo und unter welchen Bedingungen kann sozialarbeiterisch gearbeitet werden, damit optimale Voraussetzungen für eine Umsetzung Sozialer Landwirtschaft gegeben sind? Mit Antworten hierzu beschäftigt sich der letzte Teil der Arbeit. Folgende Handlungsvorschläge sind daraus entstanden:

- *Betriebswirtschaft & Ausstattung:*
  Die soziallandwirtschaftlichen Dienstleistungen müssen finanziell abgegolten werden, hierzu soll ein Raster entwickelt werden, welcher unterschiedliche Honorare für die verschiedenen Qualitäten der Angebote verrechnet. Die rechtliche und versicherungstechnische Lage bedarf der Abklärung. Der einfachste Weg, um ein solches Projekt für Jugendliche im Alter von 12 bis 15 Jahren möglich zu machen ist, es als pädagogisches Angebot zu deklarieren. Für die drei genannten Grundlagen im finanziellen, rechtlichen und versicherungstechnischen Bereich benötigt es Qualitätsstandards, welche klar definiert und überprüfbar sind. Erst wenn ein Projekt für Qualität bürgt, kann es auch dementsprechend gefördert werden.
- *Fachlichkeit & Flexibilität:*
  Derzeit gibt es weder in Vorarlberg noch in der näheren Umgebung Aus- und Fortbildungsangebote für den soziallandwirtschaftlichen Sektor. Es ist sehr empfehlenswert, dies zu ändern und somit Weiterbildungen attraktiver zu machen. Zur Fachlichkeit trägt auch bei, dass definiert wird, welches Angebot für welche Zielgruppe der Jugendlichen geeignet ist. Es ist eine Illusion, dass Jugendliche mit sehr starken Auffälligkeiten als beinahe vollwertige Mitarbeiter eines Betriebes gesehen werden können. Weiters ist es aber ebenso eine Illusion, dass eben jene Jugendlichen nicht fähig wären, etwas zu leisten und ständig einen hohen Betreuungsschlüssel benötigten. Flexibilität und Klarheit in diesen Bereichen sollen also geschaffen werden. Soziale Landwirtschaft ist in nördlicheren Regionen Europas bereits geläufiger als im deutschspra-

chigen Raum. Es ist ratsam, bestehende Best-Practice-Ansätze zu analysieren und von Erfahrungen anderer Anbieter zu profitieren.
- *Leitbild & Mission*
Jeder Betrieb, der eine soziallandwirtschaftliche Dienstleistung anbietet, soll von einer ethischen Grundhaltung geprägt sein, welche Jugendliche bereichert und zu neuen Haltungen anregt. Nachhaltigkeit, Wertschätzung der Schöpfung und den Geschöpfen gegenüber und Sinn bzw. Orientierung im Leben sollen in der Einrichtung als Werte gegeben sein, gelebt und vermittelt werden.
- *Betriebsklima & Kommunikation*
Innerhalb der Projekte sowie zu Systempartnern und anderen Projekten soll eine förderliche Kommunikation gepflegt werden, bei der Information und Erfahrung ausgetauscht und somit die Qualität aller Angebote gesteigert wird. Zudem soll ein länderübergreifender Austausch angestrebt werden. Je größer der Austausch, desto höher die Chance, über die Erfahrungen Anderer zu lernen und somit den Qualitätsstandard zu erhöhen. Des weiteren gehört zum Bereich der Kommunikation auch eine professionelle Öffentlichkeitsarbeit. Diese ist in Vorarlberg notwendig, um Sozialer Landwirtschaft eine Lobby zu verschaffen und sie darüber zu verbreiten. Hierzu ist ratsam, Politiker in das Konzept und die Weiterentwicklung einzubinden.

Abschließend kann gesagt werden, dass Soziale Landwirtschaft eine Antwort auf die aktuellen Veränderungen und Negativtrends der Gesellschaft bietet. Ihre Anwendung soll jedoch auf Freiwilligkeit beruhen. Soziallandwirtschaftliche Angebote haben das Potential, Werte, Sinn, Fertigkeiten, Sozialkompetenz und Liebe zur Natur zu vermitteln. Sie führt Menschen näher zu ihrem Ursprung und somit auch zu neuen Antworten auf sinnstiftende und/oder problembehaftete Lebensfragen.

Voraussetzung für diesen positiven Einfluss der Sozialen Landwirtschaft ist, dass sich sämtliche Beteiligte mit Begeisterung und Zielstrebigkeit dafür einsetzen. Eines steht dabei fest: Funktionierende Soziale Landwirtschaft wirkt sich nicht nur auf die Jugendlichen fördernd aus, sondern auf alle Beteiligten (Alge 2009: 108-117).

Literatur

Alge, Miriam (2009): Jugend am Hof. Soziale Landwirtschaft für Jugendliche mit Verhaltensstörungen in Vorarlberg, Dornbirn: Fachhochschule Vorarlberg

Bergmann, Wolfgang; Hüther, Gerald (2007): Computersüchtig. Kinder im Sog der modernen Medien. 4. Auflage. Düsseldorf, Patmos

Geiser, Kasper (^{2}2004): Problem- und Ressourcenanalyse in der Sozialen Arbeit. Eine Einführung in die Systemische Denkfigur und ihre Anwendung. Luzern: Lambertus

Hackspiel, Christoph (2001): Dimensionen von Lebensqualität. Fachvortrag: Was aus Kindern wird, liegt an uns allen: eine persönliche, institutionelle und gesellschaftliche Herausforderung. Bregenz, Vorarlberger Kinderdorf, Kronhaldeweg 2. Zudem online im Internet: URL: www.kinderdorf.cc (Zugriff am: 12.05.09)

Lamnek, Siegfried (^{2}2005): Gruppendiskussion. Theorie und Praxis. Weinheim: Beltz

Mayer, Horst Otto (^{2}2004): Interview und Schriftliche Befragung. München: Oldenbourg

Mayring, Philipp (^{5}2002): Einführung in die Qualitative Sozialforschung. Weinheim und Basel: Beltz

Myschker, Norbert (^{5}2005): Verhaltensstörungen bei Kindern und Jugendlichen. Erscheinungsformen – Ursachen – Hilfreiche Maßnahmen. Stuttgart: W. Kohlhammer

Nestmann, Frank (1994): Kuratorium Deutsche Altershilfe o. J., Böttger 2002. Otterstedt 2003. Online im Internet: URL: http://www.kda.de/files/projekte/tiere/2006-04-19Wirkungspanorama.pdf (Zugriff am:04.05.09)

Obrecht, Werner (1998): Umrisse einer biopsychosozialen Theorie menschlicher Bedürfnisse. Geschichte, Probleme, Struktur, Funktion. Überarbeitete und erweiterte Fassung. Wien: Interdisziplinärer Universitätslehrgang für Sozialwissenschaft, Management und Organisation sozialer Dienste (ISMOS)

Simson, Sharon & Straus, Martha (Hrsg.) (2003): Horticulture as Therapy: Principles and Practice. Philadelphia: Haworth Press

Staub-Bernasconi, Silvia (^{4}1998): Soziale Probleme – Soziale Berufe – Soziale Praxis. In: Heiner, Maja; Meinhold, Marianne; von Spiegel, Hiltrud & Staub-Bernasconi, Silvia: Methodisches Handeln in der Sozialen Arbeit. Freiburg i.B.: Lambertus

Steier, Frederick; Gyllenpalm, Bo; Brown, Juanita & Bredemeier, Sabine (2008): World Café. Förderung der Teilhabekultur. In: Kersting, Norbert (Hrsg.) (2008): Politische Beteiligung. Einführung in dialogorientierte Instrumente politischer und gesellschaftlicher Partizipation. Wiesbaden: VS Verlag für Sozialwissenschaften

Wieners, Tanja (1999): Familientypen und Formen außerfamilialer Kinderbetreuung heute. Vielfalt als Notwendigkeit und Chance. Opladen: Leske + Budrich

Wunsch, Albert (2009): Abschied von der Spaßpädagogik! (2). Stiftung Freie Schulen Berlin-Brandenburg. Online im Internet. URL: http://www.erziehungstrends.de/Spasspaedagogik/2 (Zugriff am: 22.06.09)

Soziale Arbeit im Tourismus am Beispiel der Region Pitztal, Gemeinde St. Leonhard

Marietta Bennati-Schranz

Der Tourismus zählt in Österreich, auch in Tirol, zu einem der wichtigsten Wirtschaftszweige. Medial wird diese Branche hauptsächlich von Zahlen und Fakten in Bezug auf Nächtigungen, Umsatzsteigerungen, neuen Marketingstrategien, etc. beherrscht. Es besteht aber kein Zweifel daran, dass Tourismus neben dem positiven ökonomischen auch einen sozialen Beitrag leistet und insgesamt erheblich zum Wohlstand der Bevölkerung beiträgt. Davon profitieren speziell jene peripheren Regionen des Landes, die ehemals als Notstandsgebiete bezeichnet wurden und von Abwanderung bedroht waren.

Haller & Lingg betonen, dass man bei der allgemeinen kritischen Betrachtung des Tourismus den Blick hauptsächlich auf die ökologischen Aspekte richtet. Konsequenzen in Bezug auf Dorfgemeinschaft und Familie – dem sogenannten Primärmilieu – werden dagegen wenig beachtet und das, obwohl die Innenwelt eines jeden Individuums Auswirkungen auf dessen Lebensqualität und Lebensführung hat (vgl. Haller & Ling 1998: 2).

Wie die Lebenswelt der im Tourismus tätigen Menschen [1] aber auch der Touristinnen und Touristen aussieht, wird im nachfolgenden Überblick der in der Arbeit analysierten drei Zielgruppen – Arbeitgeberinnen/Arbeitgeber, Arbeitnehmerinnen/Arbeitnehmer, Touristinnen/Touristen – kurz beschrieben.

„Tourismus macht die Reisenden, nicht unbedingt die Bereisten glücklicher."
(Opaschowski 2001: 29).

Probleme, mit denen sich Arbeitgeberinnen und Arbeitgeber auseinandersetzen müssen, sind u.a. ständiger Druck in Bezug auf Auslastung, finanzielle Engpässe, häufige Personalfluktuation, familiäre und partnerschaftliche Probleme, Generationskonflikte, psychische Probleme und Suchtgefährdung. In vielen Familienbetrieben sind Berufs- und Privatleben zu einer Einheit verschmolzen, wobei

---

[1] Konkret ist das Hotel- und Gastgewerbe gemeint.

der berufliche Part Vorrang hat. Familienfeste und Ferien finden im Rhythmus der Saisonen statt und nicht zum eigentlichen Zeitpunkt. Partnerin und Partner nehmen häufig jene Stelle ein, an der man sich abreagieren kann, wenn der Frust zu groß wird. Gegenüber dem Gast müssen dagegen Ruhe und Freundlichkeit bewahrt werden, egal wie es im Inneren aussieht. Ebenfalls entfällt der ursprüngliche Gemeinschaftssinn in überschaubaren dörflichen Strukturen, was durch den Tourismus zu neuen Formen von Isolation und Vereinsamung führt (vgl. Haller & Lingg 1998: 4).

Arbeitnehmerinnen und Arbeitnehmer der Tourismusbranche sind mit verschiedenen Problematiken konfrontiert, wie häufigem Stellenwechsel, Nachteilen auf Grund von Migration (Saisonierregelung), fehlender Integration, auseinanderbrechender Familie und Partnerschaft, psychischen Problemen bis hin zur Suchtgefährdung etc.. Haller & Lingg zeigen, dass gerade Saisoniers eine signifikant hohe Rate an psychischen, sozialen und rechtlichen Problemen aufweisen. Häufige familiäre Entwurzelung, ständige Neuorientierung sowie auch die Hierarchiestellung im jeweiligen Betrieb, belastende Arbeitszeiten, u.v.m. führen zu oben erwähnten Problemen (vgl. ebd.: 7).

Die meisten Menschen, die ihren Alltag mittels Urlaub für eine gewisse Zeit verlassen, kämpfen teilweise mit ähnlichen Problematiken, wie sie bei den o.g. Gruppen beschrieben sind. Jost Krippendorf schreibt dazu in seinem Buch „Die Ferienmenschen", dass das Bedürfnis zu reisen von der Gesellschaft erzeugt und vom Alltag geprägt ist. Menschen fühlen sich in ihrem alltäglichen Umfeld nicht mehr wohl; zum einen ist es der Arbeitsplatz, zum anderen das Wohnumfeld. Dadurch wird das Bedürfnis erzeugt, kurzfristig diesen Belastungen zu entgehen, um nachher weitermachen zu können.

Die tägliche Arbeit ist in zunehmendem Maße technisiert, funktionalisiert und fremdbestimmt. Für viele bringt die Verarmung von zwischenmenschlichen Beziehungen, der Verlust von Natur und Natürlichkeit große Defizite im Alltag. All dies führt zu Stress, körperlicher und geistiger Auslaugung. Um einen Ausgleich zu finden, fahren die Menschen weg (vgl. Krippendorf 1986: 14). Der Zukunftsforscher Horst W. Opaschowski wirft in seinem Buch „Das gekaufte Paradies" diesbezüglich die kritische Frage auf, ob Urlaub nichts Anderes ist „als eine gelungene Selbsttäuschung" und ob Menschen, die eine Reise antreten, nicht letztlich auch auf der Suche nach dem verlorenen Paradies sind (vgl. Opaschowski 2001: 6f).

Ziel der Arbeit

Vor diesem nur knapp skizzierten gesellschaftlichen Hintergrund setzt sich diese Arbeit mit den unterschiedlichen, gleichzeitig miteinander vernetzten Lebenswelten und damit verbundenen Problematiken von Arbeitgeberinnen und Arbeitgebern, Arbeitnehmerinnen und Arbeitnehmern im Tourismus sowie den Touristinnen und Touristen auseinander. Sie will die erkenntnisleitende Frage beantworten: *Braucht es Soziale Arbeit im Tourismus?*

Abbildung 1: Mittagskogel im Pitztal [2]

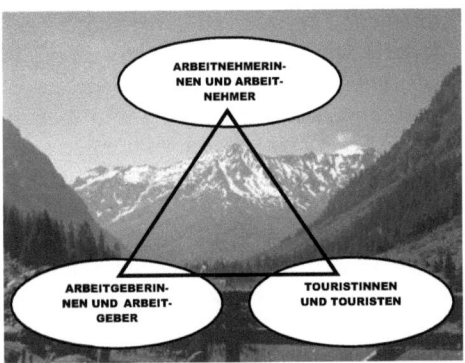

Nachdem die Problemstellung aufgrund eigener Praxiserfahrungen und der verarbeiteten Literatur formuliert wurde, bestand der erste Schritt dieser Arbeit darin, sie theoretisch zu fundieren. Dies wurde anhand der Ist-Situation im Tourismus am Beispiel der Gemeinde St. Leonhard – Tourismusregion Pitztal – realisiert. Im Zuge dieser Ist-Analyse sollten zwei erkenntnisleitende Fragen beantwortet werden:

- Mit welchen Problemen sind die einzelnen Zielgruppen konfrontiert?
- Welche Copingstrategien (interiorisierende – exteriorisierende Formen der Belastungsregulation) werden angewandt?

Zweitens wurde in Ableitung aus der Ist-Analyse eine Bedarfsanalyse für die erkenntnisleitende Eingangsfrage durchgeführt. Auf Basis der Ergebnisse der Bedarfsanalyse entstand drittens ein Konzept für eine tourismusspezifische sozi-

---

[2] Quelle: http://users.telenet.be/jobert/HOME/Mittagskogel-Zomer.jpg (Zugriff am: 16.06.2008).

ale Beratungsstelle, mit dem zusätzlichen Ziel, diverse Unterstützungsmöglichkeiten durch Soziale Arbeit im Tourismusbereich anzubieten.

Soziale Arbeit und Tourismus

Um einen theoretischen Zugang zu dieser Thematik zu erhalten, wurde anhand von Literatur und Studien

- die Entwicklung des Tourismus in der Gemeinde St. Leonhard dargestellt,
- der Tourismus aus dem Blickwinkel der Tourismusethik betrachtet,
- ein Einblick in die Lebenswelten von Arbeitgeberinnen und Arbeitgebern, Arbeitnehmerinnen und Arbeitnehmern im Tourismus gegeben,
- die zum Reisen führenden Motivationen beschrieben, um damit auch Problematiken von Touristinnen und Touristen erfassen zu können und
- der lebensweltorientierte Ansatz von Grunwald & Thiersch auf den Themenbereich bezogen.

„Das Konzept Lebensweltorientierte Soziale Arbeit zielt darauf, Menschen in ihren Verhältnissen, in ihren Ressourcen, ihren vorenthaltenen Partizipationschancen und ihren Schwierigkeiten des Alltags zu sehen. Lebensweltorientierte Soziale Arbeit sucht dementsprechend den Menschen im Medium ihrer erlebten, erfahrenen Deutungs- und Handlungsmuster durch Unterstützung, Provokation und Arbeit an Alternativen zu besseren Verhältnissen und tragfähigeren Kompetenzen zu helfen." (Grunwald & Thiersch 2004: 13).

Inwieweit nun Soziale Arbeit auf diese drei Zielgruppen bezogen agieren könnte, wurde in Anlehnung an die Dimensionen „Lebensweltorientierter Sozialer Arbeit" von Grunwald & Thiersch (ebd.:32-35) mit einigen Beispielen aufgezeigt bzw. untermauert. Diese können an dieser Stelle knapp skizziert werden:
Lebensweltorientierte Soziale Arbeit unterstützt bei *alltäglichen Bewältigungsaufgaben*. Das heißt, sie agiert an der Schnittstelle des Vorpädagogischen zum Pädagogischen. Junge Mitarbeiterinnen und Mitarbeitern (Lehrlinge, Praktikantinnen und Praktikanten), für die der Einstieg ins Gastgewerbe mit Barrieren verbunden ist, könnten während der Anfangsphase ihrer Tätigkeit unterstützt werden.

Lebensweltorientierte Soziale Arbeit agiert in der *Dimension der erfahrenen Zeit*. Die Intention lebensweltorientierter Sozialer Arbeit, eine verlässliche Zeitstruktur zu bieten, ist in der heutigen, so brüchigen Lebenswelt schwierig. Daher leistet sie sowohl gegenwartbezogene als auch zukunftsorientierte Arbeit. Gerade das Gastgewerbe ist geprägt von intensiven Arbeitszeiten und langen Saisonen. Wie kann damit umgegangen werden? Wie wird die häufige „Wanderschaft" von Saisoniers erlebt? Welche Auswirkungen hat das für Familie, Beziehungen, etc.? Soziale Arbeit kann Perspektiven mit Klientinnen und Klienten erarbeiten. Auch der Gast als Mensch auf der „Flucht" vor den alltäglichen Verhältnissen, in die er aber zurückkehren muss, könnte die Urlaubszeit nützen, mit Unterstützung von Sozialer Arbeit neue Perspektiven zu erarbeiten, um schwierige Lebenssituationen zu bewältigen.

Lebensweltorientierte Soziale Arbeit agiert in der *Dimension des Raumes*. Menschen werden in den sie prägenden räumlichen Verhältnissen gesehen, wie z.B. ländliches oder städtisches Milieu. Die darin vorgefundenen hemmenden Strukturen sollen für neue Optionen geöffnet werden und zwar indem vorhandene Ressourcen zugänglich gemacht werden. Leben und Arbeiten im Tourismus wirken sich dahingehend aus, dass der zentrale Lebensinhalt über einen langen Zeitraum hauptsächlich aus intensiver Arbeit besteht. Soziale Kontakte außerhalb der Arbeitswelt sind kaum mehr möglich, was in gewisser Weise auch zu Exklusion führt. Viele negative Umstände werden zur Gewohnheit und nicht mehr als lebenshinderlich erkannt. Gerade in einem abgeschiedenen Tal wie dem Pitztal könnte ein entsprechendes Angebot eine Alternative bzw. Ergänzung sein.

Lebensweltorientierte Soziale Arbeit agiert in den *Ressourcen und Spannungen der sozialen Bezüge*. Menschen werden im Kontext von Spannungen und Ressourcen gesehen, in denen sie leben. Verluste aufzufangen und bei Neubeginnen in sozialen Beziehungen zu unterstützen sind Aufgabenfelder Sozialer Arbeit. Soziale Arbeit kann dahingehend unterstützend wirken, wenn es z.B. zu Beziehungskonflikten kommt, sei es zwischen Arbeitgeberinnen und Arbeitgebern, Arbeitnehmerinnen und Arbeitnehmern, Touristinnen und Touristen. Angebote könnten sein: Mediation zwischen Arbeitgeberinnen/Arbeitgebern und Personal, Bearbeitung von Themen wie Alkoholismus, Depressionen, Überlastungen.

Lebensweltorientierte Soziale Arbeit zielt auf *Hilfe zur Selbsthilfe*, auf *Empowerment*. Gemäß diesem Ansatz werden den Menschen aus bereits bewältigten Aufgaben heraus entsprechend Stärken zugeschrieben. Vorhandene Kompetenzen sollen insofern unterstützend wirksam sein, als in Zeiten von Widersprüchen und Offenheit der Verhältnisse durch sie ein stabiles Lebenskonzept aufgebaut werden kann. Soziale Arbeit kann Menschen helfen, sich ihrer Stärken bewusst zu werden und diese z.B. in Mobbingsituationen oder Teamkonflikten konstruktiv einzusetzen.

Lebenswelten in der Tourismusbranche

Der empirische Teil der Arbeit zielte darauf ab, einen direkten Einblick in die verschiedenen Lebenswelten der im Tourismus beschäftigen Menschen zu erhalten. Als eine Methode der qualitativen Sozialforschung wurde das problemzentrierte Experteninterview gewählt. In der praktischen Vorgangsweise wurden acht Interviews anhand eines Leitfadens mit jeweils vier Vertreterinnen und Vertretern der ersten beiden Zielgruppen „Tourismusbeschäftigte" in St. Leonhard geführt. Auf Grund des zeitlichen Rahmens konnten Touristinnen und Touristen nicht interviewt werden, allerdings wurden zu ihren Lebenswelten Schlussfolgerungen sowohl aus dem theoretischen Teil als auch aus den geführten Interviews abgeleitet. Inhalt der Befragungen waren Themen wie: Entwicklung im Tourismus, soziale Auswirkungen, Betriebsklima, der Gast, Sinnfindung, Verantwortung, Arbeitsplatz im Tal, Vereinbarkeit Beruf/Familie/Partnerschaft, positive/negative Aspekte des Berufes, Fluktuation, Umgehen mit Problemen etc.

Da die Arbeit auf dem lebensweltorientierten Ansatz basiert, erscheint die qualitative Erhebungsmethode auch deshalb adäquat, weil

„ (…) der relativ offene Zugang qualitativer Forschung zu einer möglichst authentischen Erfassung der Lebenswelt der Betroffenen sowie deren Sichtweisen [verhilft] und Informationen [liefert], die bei einer quantitativen Vorgehensweise auf Grund ihrer Standardisierung oft verloren gehen." (Mayer 2006: 24).

Als Auswertungstechnik wurde die inhaltliche Strukturierung gewählt (nach Mayring 2007). Die Ergebnisse aus den Interviews wurden nach Kategorien aufgeschlüsselt, die sich aus dem Interview-Leitfaden ableiten ließen und sich aus den Antworten zusätzlich ergaben. Es wurde sehr ausführlich inhaltlich ausgewertet, weil es wichtig erschien, ein möglichst breites Spektrum an Aussagen für eventuell weiterführende Forschung zu generieren. Darüber hinaus zeigte die Literatursuche, dass kaum aktuelle Literatur zum Themenbereich vorhanden ist, in der die Lebenswelt von Arbeitgeberinnen und Arbeitgebern, Arbeitnehmerinnen und Arbeitnehmern und Touristinnen und Touristen beschrieben wird. Für diesen Bereich konnte die Arbeit einige Impulse liefern.

Zentrale Ergebnisse und Schlussfolgerungen

Die Ergebnisse der Ist-Analyse und der daraus abgeleiteten Bedarfsanalyse führten schlussendlich zur Beantwortung der Frage: Braucht es Soziale Arbeit im Tourismus? Generell lässt sich diese Frage auf Grund der theoretischen und empirischen Erkenntnisse mit *Ja* beantworten. Doch in welchem neuen Handlungsfeld Soziale Arbeit künftig konkret agieren könnte, wird auf Basis der gewonnenen Erkenntnisse für die drei Zielgruppen im Überblick beschrieben:

Soziale Arbeit kann in der Tourismus-Lebenswelt von Arbeitgeberinnen und Arbeitgebern aktiv werden, wenn

- es um die Bewältigung persönlicher Konflikte geht,
- personelle Schwierigkeiten auftreten, wo evtl. integrationsfördernde Maßnahmen oder konstruktive Lösungen (Gespräche statt pragmatischer „Austausch" von Angestellten) hilfreich sein könnten,
- Gäste ihre Probleme auf destruktive Weise zu lösen versuchen und dadurch ihre Gastgeberinnen und Gastgeber überfordern.

Abgesehen von den sozialen Auswirkungen können Konfliktsituationen auch betriebswirtschaftliche Konsequenzen für ein Unternehmen haben.

Soziale Arbeit kann in der Tourismus-Lebenswelt von Arbeitnehmerinnen und Arbeitnehmer agieren, wenn

- es zu Problemen auf Grund immaterieller Bedingungen kommt, die mit Denkmustern, Verhaltensstilen, konfrontativen Mentalitäten, regionalen Gegebenheiten, innerbetrieblichen Abläufen, etc. zu tun haben,
- die Zielgruppe mit der touristischen Maschinerie überfordert ist und vor Ort auf kein familiäres Netz zurückgreifen kann,
- Heimweh, Beziehungsprobleme, sexuelle Belästigung, Alkohol usw. Ursachen dafür sind, dass jemand letztendlich menschlich „unter die Räder" kommt und
- wenn klärende Gespräche mit Arbeitgebern nicht möglich sind.

Soziale Arbeit könnte in diesem Fall die Zielgruppe gerade in der Anfangsphase ihres Aufenthaltes eine Zeit lang begleiten, aber auch darüber hinaus Anlaufstelle bei diversen Konflikten sein.

Soziale Arbeit kann in der Gegenwelt, in die Touristinnen und Touristen für eine gewisse Zeit eintauchen, vor allem dann tätig werden, wenn

- im Urlaub Alltagskonflikte an die Oberfläche treten und eskalieren,
- durch Grenzüberschreitungen bestimmte Situationen verschärft werden und
- ein „innerliches Ankommen" im Urlaubsort nicht möglich ist.

Konzept: Soziale Arbeit im Tourismus am Beispiel der Gemeinde St. Leonhard – Tourismusregion Pitzal

Da ein Bedarf für Soziale Arbeit in der Lebenswelt „Tourismus" als gegeben angenommen werden darf, wurde für die Gemeinde St. Leonhard ein spezifisches Konzept erarbeitet. Für eine Gemeinde in der Größenordnung von St. Leonhard ist es unmöglich, eine soziale Einrichtung speziell für den Tourismus einzurichten. Andererseits besteht kein Zweifel daran, dass ein bestimmtes Potenzial an sozialen Problematiken in diesem Bereich vorhanden ist. So könnte eine derartige Einrichtung nur in einem größeren Kontext verwirklicht werden, weil die Gemeinde auf Grund ihrer geringen Einwohnerzahl (1.497 Personen, lt. Statistik Austria 2008) und der geringen Anzahl an Tourismusbetrieben (30 Hotels, 5 Gasthöfe, 12 Pensionen + Privatzimmervermietung, Gesamtgästenächtigungszahl von 105.780 im Zeitraum 11/06 – 10/07) zu klein ist (lt. Tourismusverband Pitztal 2008) Die folgenden zwei Varianten wären durchaus denkbar:

1. *Mobile Betriebliche Soziale Arbeit:* Die gesamte Region Pitztal wird von einer derartigen Stelle betreut. Diesbezüglich wurde ein Konzept erarbeitet, das sich im Anhang der Diplomarbeit befindet und hier anschließend in Kurzform beschrieben wird.
2. *Aufbau einer spezifischen regionalen Sozialen Arbeit:* Diese bietet sowohl spezielle Angebote für Tourismusbetriebe an und berücksichtigt dabei auch allgemeine Problematiken, die in der Bevölkerung insgesamt auftreten. Eine Ankoppelung als autonome Einheit an den bestehenden „Sozialsprengel Pitztal" wäre denkbar.

Mobile Betriebliche Soziale Arbeit: Die Grundidee basiert auf der Installierung und Etablierung einer ambulanten Sozialberatungsstelle als zusätzliche Einrichtung im Tourismus. Diese sollte zuerst in Form eines Pilotprojekts eingeführt werden, das auf ein Jahr, sprich jeweils eine Winter- und eine Sommer-Saison, ausgerichtet ist. Die mobile Betriebliche Soziale Arbeit bietet den angeführten Zielgruppen eine Reihe an sozialarbeiterischen Beratungs- und Hilfsdienstleistungen mit Unterstützung von Netzwerkpartnern an. Als Partner fungieren z.B. spezifische Beratungsstellen, Bildungshäuser, und die örtliche Erwachsenenbildung Während des ersten Jahres könnte der Bedarf tiefer gehend analysiert werden, um eventuell das Angebot zu erweitern bzw. abzuändern und damit konkreter und effizienter auf die Bedürfnisse der Zielgruppen eingehen zu können. Bei diesen Überlegungen sind sowohl Chancen als auch Risiken zu bedenken.

Aufbau einer spezifischen regionalen Sozialen Arbeit: Nach erfolgreichem Verlauf (Evaluierung am Ende der Saisonen) könnte eine Verlängerung, sprich fixe Installierung einer derartigen Beratungseinrichtung, anvisiert werden. An dieser Stelle sei erwähnt, dass das beschriebene Modell auch auf andere Tourismusregionen verbreitet werden könnte.

Resümee

Der Tourismus in Österreich zählt mit einem Anteil von 9% am BIP zu den tragenden Wirtschaftssäulen des Landes (Vgl. Udolf-Strobl 2007: S. 1). Demzufolge tragen Verbesserungsvorschläge für diese Branche zu einem erheblichen Anteil am Wohlstand der involvierten Regionen bei. Nachdem soziale Problematiken der in diesem Wirtschaftszweig agierenden Menschen bislang kaum beachtet wurden, könnte Soziale Arbeit eine wertvolle Ergänzungs-, Präventions- und Interventionsfunktion in einer innovationsorientierten Tourismusbranche einnehmen. Nach Pircher-Friedrich wird der Erfolg eines Tourismusunternehmens zukünftig davon abhängen, inwieweit es gelingt auch Lösungen für humane Defizite anzubieten (vgl. Pircher-Friedrich 2007: 40). Daher kann ein dreifacher Nutzen im Aufbau einer spezifischen Sozialen Arbeit gesehen werden:

1. Auf der Mikroebene profitiert jede einzelne Person der Zielgruppe auf immaterielle und materielle Weise.
2. Auf der Mesoebene erzeugt eine florierende Tourismuswirtschaft Synergieeffekte für andere Gewerbebetriebe, Gemeinden etc..
3. Auf der Makroebene leistet der Tourismus einen wichtigen Beitrag für die gesamte Volkswirtschaft.

Soziale Arbeit agiert bis dato noch nicht gezielt in der Tourismusbranche und könnte daher als Hilfe zur Verbesserung der internen Abläufe in den Betrieben dienen und zusätzlich als neues Handlungsfeld eine Marktnische abdecken. Darüber hinaus kann auf aktuelle Trends reagiert werden, wie z.B. auf den Wellness- und Selfness-Trend von Touristinnen und Touristen.

Gerade in Zeiten, in denen ökologische und ökonomische Nachhaltigkeit vermehrt in den Blick geraten, muss auch die soziale Komponente berücksichtigt werden. Insbesondere im Tourismus ist immer wieder die Rede von neuen Strategien, Visionen, Angebotserweiterungen und Imageverbesserung. Soziale Arbeit kann daher einen wichtigen Beitrag leisten, innovative Wege in punkto sozialer Nachhaltigkeit zu beschreiten. Sie kann dort helfend zur Seite stehen, wo Bedürfnisse der Akteure zu berücksichtigen sind und Qualitätssicherung sich nicht nur auf das Produkt „Urlaub" bezieht.

Literatur

Grunwald, Klaus & Thiersch, Hans (Hrsg.) (2004): Praxis Lebensweltorientierter Sozialer Arbeit. Handlungszugänge und Methoden in unterschiedlichen Arbeitsfeldern. Weinheim; München: Juventa

Grunwald, Klaus & Thiersch, Hans (2004): Das Konzept Lebensweltorientierte Soziale Arbeit - einleitende Bemerkungen. In: Grunwald, Klaus & Thiersch, Hans (Hrsg.) (2004): Praxis Lebensweltorientierter Sozialer Arbeit. Handlungszugänge und Methoden in unterschiedlichen Arbeitsfeldern. Weinheim; München: Juventa: 13-39.

Haller, Reinhard & Lingg, Albert (1998): Psychosoziale Belastungsfaktoren in Tourismusregionen. In: Suizidprophylaxe. Deutsche Gesellschaft für Suizidprävention (DGS), 25. Jg. (1998), H. 3: 29-34.

Krippendorf, Jost (1996): Die Ferienmenschen. Für ein neues Verständnis von Freizeit und Reisen. Gümligen: Zytglogge

Mayer, Horst O. (^{3}2006): Interview und schriftliche Befragung. Entwicklung, Durchführung und Auswertung. München, Wien: Oldenbourg

Mayring, Philipp (^{5}2002): Einführung in die qualitative Sozialforschung. Eine Anleitung zu qualitativem Denken. Weinheim, Basel: Beltz

Mayring, Philipp (^{9}2007): Qualitative Inhaltsanalyse. Grundlagen und Techniken. Weinheim, Basel: Beltz

Opaschowski, Horst W. (2001): Das gekaufte Paradies. Tourismus im 21. Jahrhundert. Hrsg. von B.A.T. Freizeit-Forschungsinstitut GmbH. Hamburg: Germa

Pircher-Friedrich, Anna Maria (2007): Menschenbild und Qualität im Tourismus. In: Pechlaner, Harald & Raich, Frieda (Hrsg.) (2007): Gastfreundschaft und Gastlichkeit im Tourismus. Kundenzufriedenheit und -bindung mit Hospitality Management. Berlin: Erich Schmidt: 39-50

Statistik Austria (2008): Einwohnerzahl und Komponenten der Bevölkerungsentwicklung. URL: http://www.statistik.at/blickgem/pr1/g70217.pdf (Zugriff am: 20.05.2008)

Tourismusverband Pitztal (2008): St. Leonhard im Pitztal. Hotels/Unterkünfte. URL: http://www.tiscover.at/at/guide/55606at,de,SCH1/objectId,RGN498at,folder,ACCOMMODATION,selectedEntry,acco/acco.html; (Zugriff am: 02.06.2008).

Trauma vs. Resilienz. Die Bedeutung der Ressourcen- bzw. Resilienzorientierung in der Sozialen Arbeit

Claudia Bernard

Das wissenschaftliche Interesse richtet sich in den letzten Jahren vermehrt auf die Bereiche Psychotraumatologie und Resilienzforschung. Innerpsychische Vorgänge und äußere Bedingungen zu erforschen, die zu einer Traumatisierung beitragen bzw. mit ihr einhergehen, stellt eine wichtige Grundlage für die Arbeit mit Menschen dar. Erkenntnisse der Psychotraumatologie schaffen die Voraussetzung für eine angemessene Beratung bzw. Behandlung von Betroffenen: Spezifisches Verhalten, also die Reaktion auf ein traumatisches Ereignis, kann erklärt und somit verständlich gemacht werden.

Die thematische Verbreitung wirkte sich jedoch auch negativ aus, der Traumabegriff verkam zum wenig erklärenden Alltagsbegriff. Ob bei Verkehrsunfällen, Naturkatastrophen oder anderen Unglücksfällen, Medien weisen oft auf die allgemeine „Traumatisierungsgefahr" hin und suggerieren, dass schreckliche Erlebnisse zwangsläufig zur Traumatisierung führen. Auch die Fachliteratur trägt nicht immer zur Klärung bei. Oft unterstreicht sie die Notwendigkeit frühzeitiger Interventionen durch geschulte und spezialisierte Psychotherapeuten und Psychotherapeutinnen, was eine allgemeine Verunsicherung auch professioneller Helfer und Helferinnen zur Folge hat. Der an sie gerichtete Qualifikationsanspruch löst bei ihnen ein Gefühl der Inkompetenz aus. Aus Angst, etwas falsch zu machen, treten sie bei traumatisierten Klienten den Rückzug an, obwohl eine solide Grundausbildung und Empathie oftmals schon ausreichen würden.

Von der Traumazentrierung in der Fachdebatte gehen neben der Schwächung des Vertrauens in die professionelle Kompetenz und in die Selbstheilungskräfte von Betroffenen noch weitere Gefahren aus. Durch den Anspruch auf eine spezifische Ausbildung bzw. Therapie wirkt der Ansatz pathologisierend; der betroffenen Person, ihrem Umfeld und auch anderen Professionellen wird das nötige Know-How abgesprochen, nur in Traumatherapie Ausgebildete gelten als kompetent, eine auftretende „Störung" professionell behandeln zu können.

Wenn dies geschieht, gibt die Soziale Arbeit eine ihrer Aufgaben an die Therapie ab, nämlich Menschen in schwierigen Lebenssituationen zu begleiten und zu beraten. Geschieht dies aufgrund vermeintlich fehlender Qualifikation, stellt die Soziale Arbeit ihre eigene Professionalität in Frage. Sie räumt dort das Feld, wo statt eines Rückzugs eine kritische Einschätzung der Sachlage nötig wäre. So stellen vielfach praktizierte Methoden zur breit angelegten Traumabehandlung nicht immer eine Hilfe dar, sie können sich wie das CISD (Critical Incident Stress Debriefing) [1] auch negativ auf das Selbstbewusstsein professioneller Sozialarbeiterinnen und Sozialarbeiter auswirken.

Die Fachliteratur kommt bezüglich einer flächendeckend angewandten Stressbearbeitung nach belastenden Ereignissen, wie etwa durch das „Critical Intervention Debriefing", zum Schluss, dass die Einsatznachsorge im besten Fall ineffektiv ist. Schlimmstenfalls beeinträchtigt sie sogar die natürlichen Gesundungsprozesse von im Grunde resilienten Menschen (vgl. Rose u.a. 1999 sowie Bonanno 2004; zit.n. Boss 2006: 74).

Ziel der Arbeit

Diese Arbeit setzt sich mit zwei aktuellen Forschungsansätzen auseinander: der Psychotraumatologie und dem Resilienzkonzept sowie deren Auswirkungen auf die Soziale Arbeit. Dabei wird zunächst der aktuelle Forschungsstand zu beiden Ansätzen dargelegt. Während sich die Psychotraumatologie auf Defizite und Störungen von Menschen konzentriert, stehen im Zentrum der Resilienzforschung personale und soziale Schutzfaktoren, welche Lebensrisiken abmildern und eine erfolgreiche Bewältigung widriger Bedingungen ermöglichen. Beide Ansätze werden dargestellt und miteinander verglichen sowie mit Bezug auf die sich daraus ergebenden Konsequenzen für die Soziale Arbeit diskutiert.

Bei der Auseinandersetzung mit den Forschungsansätzen stellt sich noch eine weitere Frage, die eher philosophischer als wissenschaftlicher Natur ist: Ist der Mensch ein verletzliches, abhängiges Wesen oder eine stabile Kämpfernatur? Ich würde sagen – beides.

Die vorliegende Arbeit zielt darauf ab, diese erkenntnisleitende Hypothese zu hinterfragen und sie wissenschaftlich zu begründen. Dafür sind die Auseinan-

---

[1] Eine spezielle Form des CID ist das Critical Incident Stress Debriefing (CISD) nach Mitchell (1983). Darunter wird ein strukturiertes Gruppengespräch zur Aufarbeitung eines besonders belastenden Ereignisses bzw. Einsatzes verstanden, das ursprünglich zur Einsatznachsorge bei Polizei, Feuerwehr, Katastrophenschutz und Rettungsdienst entwickelt wurde (vgl. Everly & Mitchell 2002).

dersetzung mit dem Resilienzkonzept und das Wissen um das menschliche Potential bedeutsam. Dieser Argumentation liegt ein einfaches Motiv bzw. ein leicht nachvollziehbarer Gedankengang zu Grunde: Aus welchem Grund sollte die menschliche Entwicklungsfähigkeit nur aus einer Perspektive, also einseitig (und dies ausschließlich von der negativen Seite her) betrachtet werden, wenn eine zweite, konstruktive Sichtweise relevant ist? Und da menschliches Leben möglichst ganzheitlich betrachtet werden sollte, um seiner Komplexität zumindest annähernd gerecht zu werden, rezipiert diese Arbeit auch „ganzheitliche" Forschungsergebnisse, die zudem für die sozialarbeiterische Ausbildung und praktische Soziale Arbeit bedeutsam sind.

Nicht zuletzt begründen die Erkenntnisse eine optimistische Grundhaltung: Philosophisch betrachtet, kann Resilienzorientierung als eine kosntruktive Lebenseinstellung verstanden werden, die von Hoffnung, Glaube und Optimismus geprägt ist. Eine derartige Grundhaltung wird der Vielschichtigkeit und auch der Spiritualität menschlichen Lebens am ehesten gerecht: Sie sucht nach Erklärungen für Zusammenhänge und lässt zugleich Raum für Unerklärbares oder Mystisches.

Psychotraumatologie und Resilienz

Eine auf die individuelle menschliche Situation bezogene Definition von Traumata, die für diese Arbeit relevant ist, bietet das Lehrbuch der Psychotraumatologie; in ihm ist „Trauma" beschrieben als ein

> „vitales Diskrepanzerlebnis zwischen bedrohlichen Situationsfaktoren und den individuellen Bewältigungsmöglichkeiten, das mit Gefühlen von Hilflosigkeit und schutzloser Preisgabe einhergeht und so eine dauerhafte Erschütterung von Selbst- und Weltverständnis bewirkt." (Fischer& Riedesser 2003: 82).

Der Traumabegriff bezieht sich im Rahmen dieser Arbeit außerdem auf die Definition von Sonneck (vgl. Sonneck 2000). Er betrachtet, wie in der Praxis üblich, „Trauma" ganzheitlicher als in medizinischen Handbüchern beschrieben. Demnach können schwere physische und psychische Belastungen, welche außerhalb der gewöhnlichen Erfahrungen liegen, sich besonders gravierend auswirken, da sie die Anpassungsstrategien beinahe jedes Menschen überfordern. Traumatische Erlebnisse, wie beispielsweise erlittene Gewalt oder Naturkatastrophen, bedrohen grundsätzlich das Leben und die körperliche Unversehrtheit. In einer solchen Situation wird durch den massiven Stressor auf neuronalem und hormonellem Weg der Reflex zur Stressbewältigung durch Flucht oder Kampf ausgelöst. Misslingt es jedoch dem Menschen, angemessen zu reagieren, ist er Gefühlen von extremer Angst, Kontrollverlust, Ohnmacht und Hilflosigkeit ausgeliefert. Diese sind kaum zu verarbeiten.

Die Debatte um Traumatisierung stellt zudem heraus, dass nicht jeder Mensch durch ein lebens- oder Existenz bedrohendes Erlebnis traumatisiert wird. Denn neben der erlebten Situation spielen weitere Einflussfaktoren eine wichtige Rolle für die Entstehung oder Verhinderung eines Traumas wie etwa die individuelle Bewertung der eingetretenen Situation, die Vulnerabilität des Betroffenen, vorhandene Coping-Strategien und Reaktionen der Umwelt (vgl. Sonneck 2000: 51). Betrachten wir nun das soziale Phänomen „Resilienz":

> „Unter Resilienz wird die Fähigkeit von Menschen verstanden, Krisen im Lebenszyklus unter Rückgriff auf persönliche und sozial vermittelte Ressourcen zu meistern und als Anlass für Entwicklung zu nutzen. Mit dem Konzept der Resilienz verwandt sind Konzepte wie Salutogenese, Coping und Autopoiese. Alle diese Konzepte fügen der Orientierung an Defiziten eine alternative Sichtweise bei." (Welter-Enderlin 2006: 13).

Die Frage nach erfolgreicher Lebensbewältigung trotz widriger Bedingungen wird erst in jüngerer Zeit wissenschaftlich gestellt und zu beantworten versucht. Jahrzehntelang standen zuvor die negativen Effekte psychosozialer und biologischer Risikofaktoren im Mittelpunkt des Interesses. Im Zuge dessen wurden Lebensgeschichten von Menschen untersucht, die andauernde Verhaltensstörungen oder schwere affektive Störungen zeigten. Die pathologische Perspektive führte zu der Annahme, dass sich Kinder, die Risikofaktoren wie elterlichem Alkoholismus oder traumatischen Erlebnissen ausgesetzt sind, zwangsläufig schlecht entwickeln. Derartig konzipierte Studien hatten jedoch einen „blinden Fleck": Sie wurden nur mit „Opfern" gefährdender Lebensbedingungen geführt, die unter diesen Bedingungen augenscheinlich stark gelitten haben, nicht aber mit jenen Menschen, die erfolgreich Lebensrisiken bewältigen konnten.

Erst in den letzten zwei Dekaden des 20. Jahrhunderts veränderte sich der wissenschaftliche Fokus. In Längsschnittstudien, die von der Kindheit bis ins Erwachsenenalter reichten, wurde nachgewiesen, dass sich der Großteil jener Kinder, die mehreren Stressoren ausgesetzt waren, positiv entwickelt und nur eine geringe Zahl schwere affektive Störungen oder langfristige Verhaltensprobleme ausbildet (vgl. Werner 2006: 28). Durch derartige Erkenntnisse wurde das Forschungsinteresse verstärkt auf personale und soziale Ressourcen gelenkt, welche Kindern eine positive Entwicklung ermöglichen.

Ein Beispiel hierfür bildet die Kauai-Längsschnittstudie von Emmy Werner und Ruth Smith (vgl. ebd.: 28 ff). Sie stellt eine der bedeutendsten Untersuchungen zum Thema Resilienz dar. In ihr wurden 698 auf der hawaiischen Insel Kauai geborene, und verschiedenen Ethnien angehörende, Kinder über den Zeitraum von 40 Jahren begleitet und untersucht. Ziel der Studie war es festzustellen, wie sich biologische und psychosoziale Risikofaktoren, belastende Lebensereignisse und Schutzfaktoren auf die Entwicklung auswirken. Ca. 30 Prozent der untersuchten Kinder waren „Hochrisikokinder", die bis zum Alter von zwei Jahren mindestens vier gravierenden Risikofaktoren ausgesetzt waren. Zwei Drittel dieser Kinder entwickelten bis zum zehnten Lebensjahr Lern- und Verhaltensprobleme bzw. wurden psychisch krank und/oder bis zum 18. Lebensjahr straffällig. Völlig anders gestaltete sich die Entwicklung der Kinder des letzten Drittels: Sie zeigten im Laufe der Jahre keine Verhaltens- oder Lernschwierigkeiten, sondern wuchsen zu selbstsicheren, kompetenten und fürsorglichen Erwachsenen heran.

Nun stellte sich zurecht die Frage, welche Faktoren die Entwicklung des letzten Drittels positiv beeinflussten – die Resilienzforschung war geboren.

Literaturanalyse

Für die Darstellung und den Vergleich der beiden wissenschaftlichen Konzepte „Trauma" und „Resilienz" wurde eine Literaturanalyse durchgeführt. Sie berücksichtigt den derzeitigen Forschungsstand der letzten Jahre. Zwei wesentlichen Kriterien wurden bei der Literaturanalyse berücksichtigt, und zwar die Frage nach dem darin vertretenen Menschenbild und die nach dem praktischen Nutzen des jeweiligen Ansatzes für die Soziale Arbeit. Das Menschenbild wurde aufgrund seines weitreichenden Einflusses auf die Theoriebildung und die praktische Arbeit mit Menschen als Analysekriterium ausgewählt. Je nachdem, ob der Mensch eher defizit- oder ressourcenorientiert betrachtet wird, ergeben sich andere Implikationen für die Definition von Störungen. Des Weiteren entscheidet eine derartige Grundeinstellung über das dem Menschen zugesprochene Entwicklungspotential: Ist er alleiniges Produkt genetischer Faktoren und äußerer Einflüsse oder ein anpassungsfähiges, in ständiger Wechselwirkung mit der Umwelt stehendes Wesen? Die Frage, inwieweit ein theoretisches Konstrukt der Komplexität menschlichen Lebens entspricht bzw. wie viel Raum es bietet, wurde außerdem diskutiert. Bei der empirischen Fundierung der Ansätze zeigen sich wesentliche Unterschiede.

Das Traumakonzept und die Konversionssymptome haben eine lange Tradition in der Klinischen Psychologie bzw. Tiefenpsychologie. Das Traumakonzept beruht auf Beobachtungen und Annahmen, welche auf die Weltkriege im 20.

Jahrhundert zurückgehen. Vor allem im Ersten Weltkrieg wurden bei Soldaten massive somatische Störungen (Zittern, Lähmungen) beobachtet, die einerseits als Versuche gedeutet wurden, sich vom Fronteinsatz zu drücken, andererseits als rein somatische Störungen. Die damals entstehende Psychoanalyse (u.a. Freud) deutete diese Symptome erstmals als Konversionssymptome. Heilungen durch Hypnose konnten erzielt werden. Die frühe Psychoanalyse beschäftigte sich intensiv mit den Folgen von Traumata, die damals mit dem Begriff „Hysterie" bezeichnet wurden (vgl. Van der Kolk, Weisaeth & Van der Hart 2000: 71-93).

Die Resilienzforschung stützt sich dagegen auf empirische Untersuchungen, u.a. auch auf Längsschnittstudien, welche menschliche Ressourcen in den Mittelpunkt stellen. Die Darstellung dieser beiden Ansätze verdeutlicht ihre unterschiedlichen Denkansätze: Während die Psychotraumatologie nach Schwächen und Störungen eines Menschen fragt, stehen die individuellen Stärken und Fähigkeiten eines Individuums im Mittelpunkt der Resilienzforschung. Eine intensive Auseinandersetzung mit den möglichen Auswirkungen traumatischer Erlebnisse ist nun durchaus notwendig, um die betroffenen Personen in ihrem Schmerz zu verstehen und die benötigte Hilfe zu gewährleisten. Doch durch die Defizitorientrierung werden potentielle Ressourcen zu wenig beachtet – menschliches Leben wird einseitig negativ betrachtet. Die Resilienzorientierung bietet hingegen die Möglichkeit, den Menschen in seiner sozialen Umwelt als flexibel wahrzunehmen und ihm Entwicklungspotential zuzusprechen. In der Sozialen Arbeit korrespondiert diese Sichtweise zudem mit dem traditionellen Ansatz des Empowerment. Verstärkt wird der Resilienzansatz auch durch die Relativierung von Risiko- bzw. Schutzfaktoren. Die Forschung konnte belegen, dass ein Umstand nicht per se negative oder positive Auswirkungen hat, sondern die Folgen je nach Situation variieren. Die Resilienz- bzw. Ressourcenorientierung berücksichtigt diese Komplexität und rückt dadurch menschliche Entwicklung in ein neues Licht. Der Mensch ist nach diesem Ansatz – vermutlich aufgrund seiner Jahrtausende währenden Phylogenese – prinzipiell auf die Verarbeitung traumatischer Erlebnisse angelegt, weil sein Leben generell risikobehaftet ist. Dabei setzt er sich permanent mit Gegebenheiten der Umwelt auseinander, die ihn bei der produktiven Realitätsverarbeitung stützen aber auch schwächen kann.

Konsequenzen für die Soziale Arbeit

Eine solch optimistische Grundhaltung eröffnet mehrere Möglichkeiten und Konsequenzen für die Soziale Arbeit:

1. Paradigmenwechsel von der Defizit- zur Ressourcenorientierung: Durch das Resilienzkonzept wurde die deterministische Annahme, dass frühkindliche traumatische Erlebnisse und andauernde Schwierigkeiten in der Kindheit immer zu Schädigungen führen, widerlegt, und es fand ein Paradigmenwechsel statt: vom defizitorientierten „Reparaturmodell", das nach Anpassungs- und Bewältigungsproblemen von Menschen fragte, zu einer ressourcenorientierten Perspektive, welche die Potentiale, Fähigkeiten und Ressourcen jedes Menschen in den Mittelpunkt stellt. Dabei wird insbesondere die individuelle Bewältigung von schwierigen Lebenssituationen betrachtet, die als Möglichkeit der persönlichen Weiterentwicklung und somit als potentielle Quelle neuer Ressourcen wahrgenommen wird. Der Mensch wird als aktiver und kompetenter Gestalter und Bewältiger seines Lebens gesehen, der mit Hilfe seiner Ressourcen schwierige Situationen meistern kann.

2. Spezifische Resilienzförderung durch Prävention und Intervention: Mit der ersten Prämisse bestätigt und bekräftigt das Resilienzkonzept die Bedeutung der (Primär-)Prävention, also der möglichst früh beginnenden Lebens- und Gesundheitsförderung von Menschen. Die festgestellte menschliche Fähigkeit zur Entwicklung und zum Wachstum betont die Bedeutung der Lebens- bzw. Gesundheitsförderung (Prävention) bei Menschen aller Altersstufen. Mittels der Forschungsbefunde ist es möglich, Bewältigungskompetenzen gezielt zu fördern. Interventions- und Präventionsprogramme können Kompetenz und Selbstwirksamkeit erhöhen, die Wahrscheinlichkeit negativer Kettenreaktionen verringern und neue Chancen eröffnen.

3. Begründung des systemisch-lebensweltorientierten Ansatzes (vgl. hierzu Thiersch 2005, passim): Die Erkenntnisse der Resilienzforschung und dem mit ihnen einhergehenden Weltbild bestätigen einen systemisch-lebensweltorientierten Ansatz, der den Menschen in seiner individuellen Umwelt wahrnimmt – mit Fokus auf seinen vorhandenen Ressourcen. Durch den gemäßigt-konstruktivistischen Ausgangspunkt, dass jeder Mensch sich seine Wirklichkeit in Kommunikation mit anderen Menschen zu einem guten Teil konstruiert, wird eine „objektive", generalisierende Bewertung einer persönlichen Lebenssituation unmöglich gemacht. Die betroffene Person wird zur Expertin ihrer eigenen Biografie, was sowohl Chancen als auch Risiken in sich birgt. Ein systemisch-lebensweltorientierter Ansatz wirkt sich auch auf die Definition von Problemen aus: Je nach Blickwinkel kann eine Verhaltensweise als Problem, oder als Bewältigungsstrategie gesehen werden. Unabhängig davon wird menschliches Verhalten stets als sinnhaft interpretiert, wobei es in der Sozialen Arbeit gilt, subjetive Deutungsgehalte zu entdecken und bei der sozialen Dienstleistung daran anzusetzen. Des Weite-

ren wird durch das Resilienzkonzept die Lebensweltorientierung, also die Betrachtung des Menschen im sozialen Kontext, unterstrichen: Soziale Beziehungen stellen wichtige Ressourcen dar und müssen daher genauer beleuchtet und gefördert werden. Dabei handelt der Mensch nicht als bloßes Produkt äußerer Einwirkungen, sondern als aktives, anpassungsfähiges Individuum, das in Wechselwirkung mit seiner Umwelt steht. Dieser Austausch birgt Veränderungspotential: Stets existiert die Möglichkeit sich zu verändern und zu entwickeln und sich an veränderte Situationen und Anforderungen anzupassen.

4. Ankopplung an den Empowerment-Ansatz: Das Resilienzkonzept stellt eine Erweiterung des Empowerment-Ansatzes dar. Unter Empowerment sind jene Arbeitsansätze der psychosozialen Praxis gemeint, welche Menschen ermutigen, ihre eigenen Stärken (Ressourcen) zu entdecken und ihnen Hilfestellung für Autonomie und Selbstbestimmung bieten (vgl. Herriger 2002, S. 262f). Empowerment-Methoden zur Selbstbefähigung werden durch den Resilienzansatz zusätzlich begründet – sie bieten wirksame Strategien, um Ressourcen freizulegen und zu fördern. Aus diesem Grund sollen sie in der Sozialen Arbeit vermehrt beachtet werden.

5. Die professionelle Beziehung als Ressource: Zwischenmenschliche Beziehungen gehören zu den wichtigsten Entwicklungs- und Schutzfaktoren, in ihrem Rahmen findet menschliches Erleben und Lernen statt. Auch in der Sozialen Arbeit ist die Beziehung zum Klienten, zur Klientin die Basis für eine gelungene Kooperation – Soziale Arbeit ist Beziehungsarbeit. Mit dem Wissen über den Einfluss von Beziehungen gewinnt die professionelle Beziehung an zusätzlicher Bedeutung, stellt sie doch eine potentiell äußerst wirksame Ressource dar, die oft unterschätzt oder im Tagesgeschehen nicht optimal genutzt wird. Aus diesem Grund soll sie nicht nur verstärkt beachtet und wertgeschätzt, sondern auch bewusst gefördert werden.

6. Vertrauen in menschliche Selbstheilungskräfte: Die Zentrierung auf die Traumatisierung schwächt das Vertrauen in die selbstheilenden Kräfte einer Person und verhindert außerdem die unmittelbare Unterstützung durch ihre nähere Umgebung. Somit werden personale und soziale Ressourcen nicht freigelegt, sondern blockiert oder verhindert. Durch den Glauben (und das Wissen) über die Macht dieser inneren Kräfte wird dagegen das Vertrauen in den Menschen gestärkt. Selbsthilfegruppen der Anonymen-Bewegung bauen zum Beispiel auf dieses Prinzip.

7. Langzeitperspektive in der sozialen Dienstleistung: Durch die Ergebnisse der Resilienzforschung erhält die Langzeitperspektive in der Sozialen Arbeit ei-

ne größere Bedeutung. Es scheint falsch zu sein, Menschen einmalig zu betrachten und daraus Schlüsse auf ihre spätere Entwicklung zu ziehen, da sich die meisten Untersuchten „nicht linear ‚von … zu' einem bestimmten Status, sondern in eigentlichen Sprüngen entwickelt haben." (Welter-Enderlin 2006: 17). Ein Beispiel hierfür sind jene Probanden, welche auch nach einer problematischer Jugend zu verantwortungsbewussten Erwachsenen gereift waren.

In diesem Kontext können Rosmarie Welter-Enderlins Argumente über die Kurzzeit- oder lösungsorientierten Therapien auf die lösungsorientierte Kurzzeitberatung in der Sozialen Arbeit übertragen werden. Die Autorin kritisiert den momentanen Trend, vermehrt Kurzzeittherapien anzubieten, der vornehmlich durch den Spardruck der Geldgeber begründet ist. Auch bei sozialen Dienstleistungsunternehmen wird eine günstige, und somit eine schnelle, Form der Beratung bzw. Intervention forciert – die Mittel sind knapp und müssen gut begründet werden. Derartige Entwicklungen erschweren jedoch die Legitimation von Langzeitinterventionen und präventiven Maßnahmen. In Anbetracht der oben knapp beschriebenen Befunde aus der Resilienzforschung scheint demgegenüber nun eine Möglichkeit der Legitimation gegeben. Ergebnisse, also positive Entwicklungen, müssen nicht unmittelbar nach der Beratung ersichtlich (und evaluierbar) sein, da menschliche Entwicklung nicht geradlinig verläuft und Wirkungen sich oft erst nach längerer Zeit zeigen (vgl. Welter-Enderlin 2006: 17f). In diesem Sinn greift traditionelle, meist auf wenige Jahre begrenzte, Evaluationsfroschung zu kurz, allerdings steht die Forschung auch vor dem nur bedingt lösbaren Problem, die Wirkung von förderlichen Faktoren in ihrem Zusammenspiel sowie in ihrer einzelnen Bedeutung über den biografischen Verlauf exakt nachweisen zu können.

8. Gesellschaftlicher Auftrag und politisches Mandat: Auf der gesellschaftlichen Ebene bedeutet Resilienzförderung nicht zuletzt soziale Faktoren zu fördern. Damit sind jene Ressourcen gemeint, die den Menschen als Individuum wie auch als Gemeinschaftswesen lebens- und überlebensfähig halten. Für die Soziale Arbeit bedeutet das zweierlei: Zum einen muss sie sich dafür einsetzen, dass soziale Einflüsse (und Probleme) wie Armut, veränderte Arbeitsbedingungen, Exklusion von materiellen und sozialen Ressourcen etc. mehr beachtet und diskutiert werden. Zum anderen setzt sie sich bei Klienten-, Helfer- und Gesellschaftssystemen direkt dafür ein, soziale Bedingungen menschlichen Lebens zu verbessern.

Literatur

Bonnano, G. A. (2004): Loss, trauma, and human resilience: Have we underestimated the human capacity to thrive after extremely aversive events? In: American Psychologist, 56 (1): 20-28

Boss, Pauline (2006): Resilienz und Gesundheit. In: Bruno Hildenbrand (Hrsg.) (2006): Erhalten und Verändern. Rosmarie Welter-Enderlins Beitrag zur Entwicklung der systemischen Therapie und Beratung. Heidelberg: Carl-Auer-Systeme: 59-102

Everly, George S. & Jeffrey T. Mitchell (2002): CISM – Stressmanagement nach kritischen Ereignissen. Wien: Facultas

Fischer, Gottfried & Riedesser, Peter (^{3}2003): Lehrbuch der Psychotraumatologie. München; Basel: Ernst Reinhardt

Herriger, Norbert (2002): Stichwort Empowerment. In: Fachlexikon der sozialen Arbeit. 5. Aufl. Frankfurt: Deutscher Verein für Öffentliche und Private Fürsorge: 262f

Hildenbrand, Bruno (Hrsg.) (2006): Erhalten und Verändern. Rosmarie Welter-Enderlins Beitrag zur Entwicklung der systemischen Therapie und Beratung. Heidelberg: Carl-Auer-Systeme

Mitchell, Jeffrey T. (1983): When disaster strikes...The critical incident stress debriefing process. In: Journal of Emergency Medical Services, 8, (1): 36-39

Rose, S. u. a. (1999): A randomized controlled trial of individual psychological debriefing for victims of violent crime. In: Psychological Medicine, 29 (4): 793-799

Sonneck, Gernot (2000): Krisenintervention und Suizidverhütung. Wien: Facultas.

Thiersch, Hans (^{6}2005): Lebensweltorientierte Soziale Arbeit: Aufgaben der Praxis im sozialen Wandel. Weinheim, München: Juventa

Van der Kolk, Bessel A.; McFarlane, Alexander C. & Weisaeth, Lars (Hrsg.) (2000): Traumatic Stress. Grundlagen und Behandlungsansätze. Theorie, Praxis und Forschung zu posttraumatischem Streß sowie Traumatherapie. Paderborn: Junfermann

Van der Kolk, Bessel A.; Weisaeth, Lars & Van der Hart, Onno (2000): Die Geschichte des Traumas in der Psychiatrie. Van der Kolk, Bessel A.; McFarlane, Alexander C. & Weisaeth, Lars (Hrsg.) (2000): Traumatic Stress. Grundlagen und Behandlungsansätze. Theorie, Praxis und Forschung zu posttraumatischem Streß sowie Traumatherapie. Paderborn: Junfermann: 71-93

Walsh, Froma (2006): Ein Modell familialer Resilienz und seine klinische Bedeutung. In: Rosmarie Welter-Enderlin/ Bruno Hildenbrand (Hrsg.) (2006): Resilienz – Gedeihen trotz widriger Umstände. Heidelberg: Carl-Auer: 43-79

Welter-Enderlin, Rosmarie (2006): Einleitung: Resilienz aus Sicht von Beratung und Therapie. In: Welter-Enderlin, Rosmarie & Hildenbrand, Bruno (Hrsg.) (2006): Resilienz – Gedeihen trotz widriger Umstände. Heidelberg: Carl-Auer: 7-19

Welter-Enderlin, Rosmarie & Hildenbrand, Bruno (Hrsg.) (2006): Resilienz – Gedeihen trotz widriger Umstände. Heidelberg: Carl-Auer-Systeme

Werner, Emmy E. (2006): Wenn Menschen trotz widriger Umstände gedeihen – und was man daraus lernen kann. In: Welter-Enderlin, Rosmarie & Hildenbrand, Bruno (Hrsg.) (2006): Resilienz – Gedeihen trotz widriger Umstände. Heidelberg: Carl-Auer: 28-42.

Gewalt in der Schule. Formen und Ausmaß von Gewaltanwendung unter Schülerinnen und Schülern der 5. bis 8. Schulstufe am Beispiel von Schulen der Stadt Dornbirn

Ulrike Drexel

Das Thema Gewalt in der Schule macht alle betroffen: Eltern und Erziehungsberechtigte, die Angst haben, dass auch ihre Kinder Opfer von Gewalthandlungen werden können ebenso wie Lehrerinnen und Lehrer, die in ihrem täglichen Arbeitsumfeld mit schwierigen Situationen von jugendlicher Aggressivität konfrontiert sind. Wir wissen nicht, ob nicht auch unsere Kinder Täterinnen und Täter sind, indem sie ihre Mitschülerinnen und Mitschüler auslachen, bedrohen, ausschließen, erpressen u.a.m. Wir alle sind aufgefordert, genau hinzuschauen und hinzuhören, um Gewalt frühzeitig zu erkennen und der Gewalt entschieden entgegen zu treten, in welcher Form diese auch immer auftritt.

Gewaltbereitschaft und die verschiedenen Erscheinungsformen von Gewaltanwendung in Schulen müssen im gesamten Kontext betrachtet werden. Kinder werden nicht als aggressive oder gewaltbereite Individuen geboren, vielmehr unterliegen sie allen Einflüssen und Faktoren ihrer sozialen Umwelt. Sie lernen und machen Erfahrungen durch Eltern, Geschwister, Großeltern, Verwandte, Freunde (Peers), Nachbarn, pädagogische Einrichtungen (Kindergarten, Schulen), Vereine und nicht zuletzt durch den Einfluss der Medien.

Es stellt sich die Frage, inwieweit ein Zusammenhang von Gewalterfahrung durch das Elternhaus und einer sich daraus entwickelnden höheren Gewaltbereitschaft von Jugendlichen in der Schule hergestellt werden kann. Olweus hat Faktoren zusammengefasst, welche zur Entwicklung eines aggressiven Reaktionsmusters bei Kindern beitragen können. Er führt die emotionale Grundeinstellung der Bezugsperson(en) während der frühen Kindheit, insbesondere „das Fehlen von Wärme und Anteilnahme" als Risikofaktoren für die Entwicklung von aggressivem Verhalten an, ebenso wie das Versäumnis von Seiten der Bezugsperson, dem Kind bei unangemessenem und aggressiven Verhalten Grenzen zu setzen (Olweus 2006: 48 f). [1]

Nach Hurrelmann reicht aggressives und gewalttätiges Verhalten von Jugendlichen in deren frühe Kindheit zurück, in das familiäre Umfeld, in welchem Züchtigung und Gewalt als alltägliche und selbstverständliche Form der Erziehung und der Konfliktlösung von den Kindern erlebt werden. Wenn Kinder und Jugendliche selbst in belastende Situationen kommen, greifen auch sie auf die ihnen vertrauten gewalttätigen Handlungsmuster zurück (Hurrelmann 2007: 51-55). [2].

Diese beschriebenen ungünstigen Sozialisationsbedingungen können zu vermehrter Aggression und Gewalt in der Schule führen. Um Stärke zu demonstrieren, werden verschiedene Formen von Gewalt (physische, psychische, verbale) gegen Schülerinnen und Schüler sowie Lehrpersonen angewandt. Durch Studienvergleiche kommt Hurrelmann zum Schluss, dass alle Formen von Gewalt in der Schule über die letzten drei Jahrzehnte zugenommen haben. Er sieht im Anstieg der körperlichen Gewaltbereitschaft immer öfter das Nichtvorhandensein von Hemmschwellen und Mitgefühl (Hurrelmann 2004: 166 f).

Um gewaltbereites Handeln beziehungsweise Mobbing zu verstehen, muss man sich mit der Entwicklung von Selbstwertgefühl und psychosozialer Kompetenz in der frühen Kindheit befassen. In der Kindheit erlebte Kränkungen und geringe Geborgenheit und Sicherheit durch Bezugspersonen können bewirken, dass Macht- und Gewaltphantasien vom Kind konstruiert werden, um die erlebte und belastende Situation ertragen zu können. Diese Phantasien können Kinder oftmals in Zeichnungen oder in Rollenspielen darstellen und sich in dieser Form an den Tätern rächen. Im Jugendalter kann sich das geringe Selbstwertgefühl und die Machtlosigkeit jedoch als verstärkte Gewaltbereitschaft gegenüber schwächeren Mitschülerinnen und Mitschülern auswirken. [3]

Koch beschäftigt sich mit den möglichen Ursachen von Gewalt an deutschen Schulen und geht der Frage nach vermehrter Gewaltbereitschaft von Schülerinnen und Schülern nach. Laut Statistiken des Bundeskriminalamtes in Deutschland stiegen die Zahlen der jugendlichen Tatverdächtigen innerhalb von zehn Jahren, von 1987 bis 1997, von 127 000 auf mehr als 270 000 an. Seither bleibt die Zahl konstant (Koch 2006: 62-69).

---

[1] Dazu muss festgehalten werden, dass die sozioökonomischen Bedingungen der Familien in den skandinavischen Ländern zur Zeit der Analysen keine gravierenden Unterschiede aufweisen.
[2] Gemäß aktueller Studien leiden schätzungsweise 16% der Kinder und Jugendlichen unter schweren Formen familiärer Gewalt, davon etwa 3% durch sexuelle Gewalt im Elternhaus oder durch enge Verwandte (vgl. Hurrelmann 2007: 54).
[3] Ausführungen von Gebauer in seinem Vortrag zu Gewalt und Mobbing in Schulen im Vorarlberger Medienhaus am 09. Mai 2007. Mitschrift der Autorin.

Nach Aussagen des Kriminalpsychologen Thomas Müller können Erfahrungen als negative Phantasien im Jugendalter ein Auslöser für gewalttätige Handlungen sein. [4] In Schulen und Schulklassen werden oftmals jugendliche Einzelgänger, die wenig Widerstand bieten, bevorzugt zum Opfer, um Macht in einer Gruppe Gleichaltriger zu demonstrieren.

Gesellschaftliche Relevanz und Ziel der Arbeit

Diese Arbeit untersucht das Kernthema Gewalt in der Schule mit spezifisch regionalem Fokus, da es für Vorarlberg bisher noch keine Untersuchungen darüber gibt. Die Autorin geht davon aus, dass die Situation in Vorarlbergs Schulen in Bezug auf Gewalt und Mobbing mit den deutschsprachigen Nachbarländern zu vergleichen ist und diese Arbeit deshalb auch eine gesellschaftspolitische Bedeutung für unser zukünftiges Bildungssystem haben kann.

An Hand von internationalen Untersuchungen und Studien wird das Thema Gewalt in der Schule theoretisch aufbereitet, um dann mittels empirischer Untersuchung (Experteninterviews) am Beispiel von zwei Schulen in Dornbirn Ergebnisse zusammenzufassen und zu vergleichen.

Die Autorin möchte in dieser Arbeit den Fragen nachgehen, wie Gewalt an unseren Schulen aus verschiedenen Perspektiven (Schulleitung, Lehrpersonen und betroffene Jugendliche) beobachtet und wahrgenommen wird.
Daraus ergeben sich folgende Fragestellungen:

- Ist Gewalt, in verschiedenen Formen, unter Schülerinnen und Schülern auch in Vorarlberg ein Thema – ein Problem?
- Welche Formen und welches Ausmaß von Gewalt nehmen die unterschiedlichen Zielgruppen wahr?
- Wird Gewalt im Unterricht thematisiert?
- Werden in Vorarlbergs Schulen Modelle der Gewaltprävention angewendet?

Zunehmend sind gute schulische Leistungen und qualifizierte Ausbildungen notwendig um eine Lehrstelle oder einen Arbeitsplatz zu bekommen. Somit haben Jugendliche aus sozial benachteiligten und bildungsfernen Schichten ge-

---

[4] Müller bestätigte in seinem Vortrag am 14. März 2007 (Landhaus Bregenz, Sicherheitsenquete zum Thema „Jugendliche als Opfer und Täter") die von Gebauer beschriebene Sichtweise der Macht- und Gewaltphantasien und machte in seinen Ausführungen deutlich, dass seine Täterprofil-Analysen zeigen, dass *die Familie als Keimzelle für Gewalt bei Jugendlichen* zu betrachten sei (persönliche Mitschrift der Autorin).

ringere Chancen am soziokulturellen Gesellschaftsleben teilzunehmen, da es deren Eltern nicht möglich ist, die Kinder und Jugendlichen zu fördern. Wenn geringe soziale Bindungen (familiäre und außerfamiliäre), schlechte berufliche Zukunftsaussichten und geringe materielle Ressourcen vorhanden sind, kann sich die Gewaltbereitschaft in- und außerhalb von Schulen und institutionellen Einrichtungen erhöhen. Auch Alkohol- und Drogenkonsum erhöhen die Gewaltbereitschaft bei Jugendlichen.

Gewalt an Schulen

Bereits in den 1970er Jahren wurden von Dan Olweus in Norwegen und Schweden systematisch Untersuchungen zu Gewaltformen und Gewaltausmaß an Schulen durchgeführt. Olweus definiert Gewalttätigkeit oder Mobben [5] wie folgt:

> „Ein Schüler oder eine Schülerin ist Gewalt ausgesetzt oder wird gemobbt, wenn er oder sie wiederholt und über eine längere Zeit den negativen Handlungen eines oder mehrer anderer Schüler oder Schülerinnen ausgesetzt ist" (Olweus 2006: 22).

Negative Handlungen, um dies zu präzisieren, liegen laut Olweus auch dann vor *„wenn jemand absichtlich einem anderen Verletzungen oder Unannehmlichkeiten zufügt"*. Dies umfasst tätliche Übergriffe wie Schlagen, Treten, Stoßen, Kneifen oder jemanden gegen den Willen festzuhalten und verbale Handlungen wie Drohen, Spotten, Hänseln und Beschimpfen. Olweus weitet den Begriff des Mobbens dahingehend aus, dass auch Fratzenschneiden, schmutzige Gesten, üble Nachrede, absichtliche Ausgrenzung aus einer Gruppe, Einschüchterung oder Erpressung einer Person als (indirekte) Gewalttätigkeit betrachtet werden muss, wenn dies wiederholt und über eine längere Zeit der Fall vorkommt und ein Ungleichgewicht der Kräfte zu Ungunsten des Opfers vorliegt (ebd.: 22 f).

Das Institut für Konfliktforschung in Wien hat 2004 im Forschungsprojekt „Gewaltprävention in der Schule" den Gewaltbegriff von Olweus übernommen. Die Definition berücksichtigt die physische, psychische und verbale Gewalt, sofern es sich um personenbezogene Gewalt handelt. Die Gewalt gegen Sachen (Beschädigungen und Diebstahl) sowie die strukturelle (mittelbare) Gewalt sind nicht berücksichtigt (IKF 2004: 2).

Aus dem Englischen „mobbing", „to mob" stammend, wird der Begriff verwendet für Schikanieren, Anpöbeln, Angreifen und über jemanden herfallen.

---

[5] Der Bedeutungsumfang von Mobbing umfasst die Gewaltanwendungen, in denen ein einzelner einen anderen quält oder in welcher eine Gruppe die Quälerei gemeinschaftlich begeht. Gewalttätigkeit und Mobbing werden in derselben Bedeutung verwendet (Olweus 2006: 22 f).

Mobbing ist ein aggressiver Akt, bei dem ein Schüler oder eine Schülerin über einen längeren Zeitraum systematisch und wiederholt belästigt oder ausgegrenzt wird. Diese Prozesse laufen zum größten Teil verdeckt und können deshalb von Lehrpersonen oft nicht wahrgenommen und erkannt werden. Gebauer sieht in diesen verdeckten Konfliktprozessen die Gefahr eines „Machtvakuums" und eines Verlusts von Autorität bei Lehrpersonen, wenn diese emotional-soziale Vorgängen nicht beachten. Dies kann von Schülern dahingehend genutzt und missbraucht werden, um eigene Machtentfaltung und Stärke zu demonstrieren und eine „Gefolgschaft" um sich zu scharen. Diese Prozesse wirken sich auf das gesamte Klassenklima aus. [6]

Dass „*Gewalt in den norwegischen Schulen ein erhebliches Problem darstellt,...*" wie Olweus es bezeichnete, belegte er mit der 1983 bis 1984 landesweit durchgeführten Befragung von 568.000 Schülerinnen und Schülern der Grundschulen und weiterführenden Schulen mittels Fragebogen. Die Analyse der Parallelbefragung von Lehrpersonen bestätigte die Ergebnisse der Schüler- und Schülerinnenbefragung. In anderen europäischen Ländern erhobene Daten aus den 1980er und 1990er Jahren weisen darauf hin, dass das Gewaltproblem auch außerhalb von Norwegen vergleichbar existiert (Olweus 2006: 25f). Ergebnisse der umfassenden norwegischen Analyse:

- Ca. 15% der gesamten Schulkinder (etwa 84.000 von 568.000 Kindern) gaben an, „hin und wieder" oder „öfter", das heißt einmal pro Woche, als Täter/Täterinnen oder als Opfer beteiligt gewesen zu sein.
- Ca. 9% bezeichneten sich als Opfer von Gewalt (52.000 Kinder).
- Ca. 7% der Befragten (41.000 Kinder) übten regelmäßig Gewalt gegen Mitschülerinnen/Mitschüler aus.
- Jungen sind häufiger Opfer von Gewalt als Mädchen.
- Die jüngeren Schülerinnen und Schüler sind stärker betroffen als die älteren.
- Mit steigendem Alter nimmt die auf Mädchen ausgeübte Gewalt von 16% auf 3% ab.
- Die auf Jungen ausgeübte Gewalt nimmt von 17,5% auf 6,4% ab, trotzdem sind Jungen von der 7. bis zur 9. Klasse (13 bis 16 Jahre) doppelt so oft von Gewalt betroffen wie Mädchen.

Im Jahr 2005 wurde an drei steirischen Hauptschulen eine quantitative Studie durchgeführt, und es bestätigt sich auch für diesen Bereich die hohe Zahl der Mobbingopfer bei den 10- bis 14-Jährigen. 12% der Schülerinnen und Schüler

---

[6] Gebauer 2005: 29-31.

geben an, mindestens einmal pro Woche von Mobbing betroffen zu sein. Nur 52% geben an, nie schikaniert zu werden (Vieregg 2006: 7f). [7]

Ergebnisse von Leitfadeninterviews mit Dornbirner Lehrerinnen/Lehrern und Schülerinnen/Schülern

Die Autorin hat die Methode des Leitfadeninterviews ausgewählt, um mittels einer offenen Fragestellung das Thema Gewalt in der Schule von verschiedenen Perspektiven zu erfassen. Diese Methode ist bedeutsam, da sie individuelle Lebenslagen und die soziale Wirklichkeit der Befragten abbilden kann. Das Ziel der Untersuchung besteht darin, die Beobachtungen und Wahrnehmungen zum Thema Gewalt in der Schule von verschiedenen Perspektiven der Schulleitung, der Lehrpersonen und der Schülerinnen/Schüler zu erfassen. Mit dieser Auswahl relevanter Personenkreise aus der Schule soll ein erstes Bild entstehen, inwiefern Gewalt an Schulen auch für Vorarlberg relevant ist oder nicht. Einzugsbereich ist eine Haupt- und eine Allgemeinbildende Höhere Schule der Stadt Dornbirn, von denen im Schuljahr 2006/2007 je eine Person aus den drei Zielgruppen befragt wurde. Dornbirn ist als größte Stadt Vorarlbergs mit ca. 45.000 Einwohnerinnen und Einwohnern typisch für die urbane Agglomeration des Rheintals, womit auch die erfragten Perspektiven der Zielgruppen im qualitativen Sinn exemplarisch für die Region sein dürften.

Die verbalen Daten wurden durch (angekündigte) Interviews und Aufnahmen mittels eines mitgebrachten Tonträgers (Diktaphon) erhoben. Im eigentlichen Sinn dient der „Leitfaden" als „Gesprächsfaden" und die Interviewerin, der Interviewer kann die während des Gesprächs bereits beantworteten Fragen im Gedächtnis als erledigt abhaken (Witzel 1982: 90).

Die Interviews sollten mit Personen geführt werden, die sich freiwillig bereit erklären, zu diesem Thema Stellung zu nehmen. Die Lehrpersonen und die Schülerinnen und Schüler wurden von der Autorin darüber informiert, dass die Interviews anonym ausgewertet und veröffentlicht werden. Die Direktoren zeigten sich mit der Veröffentlichung einverstanden. Gefragt wurde:

- nach der Begriffsbedeutung und den Formen von Gewalt,
- nach der persönlicher Beobachtung und Wahrnehmung von Gewalt bei den Schülerinnen und Schülern,
- nach der eigenen Betroffenheit und / oder Anteilnahme,

---

[7] Die Autorin der Studie, übernimmt in ihrer Arbeit den von Olweus definierten Gewaltbegriff „Mobbing" für die Gewalthandlungen.

- nach den Räumen und den Plätzen in der Schule an denen Gewalthandlungen stattfinden,
- nach den Personen oder Personengruppen,
- nach der Häufigkeit und der Art der Gewalt,
- nach mutwilligen Sachbeschädigungen und Diebstahl durch Mitschülerinnen und Mitschüler,
- nach schulinternen, verbindlichen Regeln und Sanktionen bei Gewalthandlungen und Sachbeschädigungen,
- nach Angeboten zu Gewaltvermeidung in der Schule
- und nach Kontaktmöglichkeiten und Hilfsangeboten für Schülerinnen und Schüler, welche der Gewalt durch andere ausgesetzt sind.

Ergebnisse und Schlussfolgerungen

Die Aussagen aller Befragten weisen darauf hin, dass Gewalt und Aggression in Schulen auch in Vorarlberg zum Alltag gehören. Der Autorin ist bewusst, dass die Befragung mittels weniger Interviews sich nur auf Ausschnitte von beobachteten und wahrgenommenen Realitäten bezieht und daher nicht für eine Region repräsentativ sein kann. Darum gelten die nachfolgenden Thesen nur als eine erste Grundlage, um den Gegenstandsbereich zu beschreiben; weitere Studien könnten darauf aufgesetzt werden und die Annahmen tiefer gehend überprüfen.

1. Gewalt existiert an Vorarlbergs Schulen in Form von physischer Gewalt. Die interviewten Jugendlichen berichten, dass sie Gewalt in der Schule wahrnehmen, beobachten und davon selber betroffen sind. Lehrpersonen bestätigen, dass Raufereien zum Schulalltag gehören. Physische Gewalthandlungen treten vermehrt in den ersten zwei Schuljahren auf. Sie tritt in Klassenräumen, auf Gängen und im Pausenhof durchaus offen zu Tage.
2. Gewalt existiert an Vorarlbergs Schulen in Form von verbaler Gewalt. Beschimpfungen (sexistische, rassistische oder in der Fäkalsprache) in beträchtlichem Ausmaß werden als Formen verbaler Gewalt in erster Linie von Lehrpersonen genannt. Schülerinnen und Schüler nehmen derartige Kommunikationsformen zum Teil als Normalität wahr („normaler Umgangston"). Trotzdem erlebt die Mehrzahl der befragten Schülerinnen und Schüler Beschimpfungen, Beschuldigungen usw. als Aggressivität und seelische Verletzung.
3. Gewalt existiert an Vorarlbergs Schulen in Form von psychischer Gewalt. Schülerinnen/Schüler geben offen zu, dass bestimmte Mitschüler

aus der Klassengemeinschaft ausgeschlossen/ausgegrenzt werden. Lehrpersonen nehmen diese subtile Art der Gewaltausübung zum Teil wahr.
4. Gewalt existiert an Vorarlbergs Schulen in Form von Sachbeschädigung. Auch Sachbeschädigungen kommen immer wieder vor. In erster Linie sind Schulleiter auf Grund der aus Sachbeschädigungen entstehenden Kosten mit dieser Form von Gewalthandlungen konfrontiert.
5. Lehrpersonen benötigen unterstützende Maßnahmen. Lehrpersonen sprechen offen darüber, dass sie auf Grund verhaltensauffälliger Jugendlicher oftmals an die Grenzen ihrer persönlichen Belastbarkeit stoßen, wenn unverzüglich und angemessen auf aggressives und gewalttätiges Handeln bei Schülerinnen und Schülern reagiert werden muss.

Die Ergebnisse der Interviews legen durchaus ein vorläufiges Resümee nahe: Auch in Vorarlbergs Schulen stellt Gewalt ein nicht zu bagatellisierendes Problem dar. Engagierte Schulleiter und Lehrpersonen machen darauf aufmerksam, dass Konflikte und Gewalthandlungen an Schulen eine pädagogische Herausforderung darstellen, die intern nicht mehr zufriedenstellend gelöst werden kann. Es besteht der Wunsch bzw. die Forderung, Begleitung, Hilfsangebote und Fortbildungen zum Thema „Konflikte / Konfliktbewältigung" sowie Möglichkeiten für gezielte Interventionen und Prävention bezüglich Gewalt an Schulen zu erhalten.

Aus der Literatur und den regionalen Interviews ergeben sich weiterführende Forschungsfragen:

- Besteht von Seiten der regionalen Schulbehörden (Ministerium, Landes- und Bezirksschulrat) ein Interesse für weitere Erhebungen zum Thema Gewalt in Schulen?
- Wie können Lehrpersonen unterstützt werden?
- Welche Angebote in der Weiterbildung zum Thema „Konflikte und deren Bewältigung" sowie zum Umgang mit Gewalt in der Schule gibt es für Lehrpersonen?
- Welche Institutionen bieten Fortbildungen an, welche könnten es tun?
- Gibt es in den Pädagogischen Hochschulen Lehrinhalte, die sich beispielsweise mit gesellschaftlichen Veränderungsprozessen, mit gruppendynamischen Prozessen, mit Konfliktentstehung, mit Gewaltformen oder mit gewaltfreier Kommunikation beschäftigen?
- Wie müssen Eltern/Erziehungsberechtigte in die Gewaltprävention einbezogen werden?
- Wie können Eltern/Erziehungsberechtigte diesbezüglich erreicht und motiviert werden?

- Werden Modelle oder Konzepte zur Gewaltprävention an regionalen Schulen eingesetzt?
- In wie vielen (und in welchen) Schulen werden bereits Präventionsmodelle angewandt? Wie lassen sich damit gemachte positive Erfahrungen auf andere regionale Schulen übertragen?
- Wie kann allen Beteiligten in Schulen nachhaltig vermittelt werden, dass keine Form der Gewalt geduldet wird?

Gewalt ist ein Phänomen, das nur gesamtgesellschaftlich zu lösen ist. Jede Gesellschaft muss sich der Gewaltfrage stellen. Vermehrt werden Jugendliche zu Trägern dieses Themas, doch dabei besteht die Gefahr der Etikettierung „Jugend" mit „Gewalt" gleichzusetzen. In erster Linie müssen sich Erwachsene der Herausforderung stellen, mit der eigenen Gewalt- und Aggressionsbereitschaft konstruktiv umzugehen, damit auch Kinder und Jugendlichen gewaltfreie Formen der Auseinandersetzung finden können.

Um eine gute Basis für eine gemeinsame und konstruktive Kommunikation zwischen Eltern, Kindern und Lehrpersonen herzustellen, muss das Thema soziales Lernen bereits frühzeitig in Kindergärten und Volksschulen eingeführt werden. Um eine vertrauensvolle Zusammenarbeit aller Beteiligten weiter zu fördern, ist es sinnvoll und notwendig, bereits in den ersten Schuljahren erprobte Konzepte zur Förderung sozialer Kompetenzen umzusetzen. Deshalb müssen auch neue Konzepte im Bereich des sozialen Lernens an den Pädagogischen Hochschulen eingeführt werden, damit Studierende den Anforderungen ihrer späteren beruflichen Praxis kompetent begegnen können.

Kinder und Jugendliche müssen sich in der Schule sicher fühlen. Sie dürfen keine Angst haben, von Mitschülerinnen und Mitschülern in irgendeiner Art und Weise bedroht, belästigt oder verletzt zu werden. Lehrpersonen sollen deshalb ermutigt und von der Gesellschaft unterstützt werden, bei Konflikten in der Schule hinzuschauen und sich gemeinsam als Schulteam gegen jede Art von Gewalthandlungen auszusprechen.

Da eine Gesellschaft ohne Gewalt Wunschvorstellung bleiben wird, stellt sich die Frage, wie unsere Gesellschaft zukünftig mit Gewalt und Aggression umgehen wird. Wir sind als Bürger dazu aufgerufen, für unsere Kinder und Jugendlichen jene Voraussetzungen zu schaffen, in denen gute Bildung und Ausbildung möglich sind. Schulen als „Treibhäuser der Zukunft", wie Bauer dies beschreibt, sind Orte, welche für alle Kinder während der gesamten Schulzeit und für das weitere Leben von großer Bedeutung sind. Schulen dürfen und sollen von unseren Kindern Leistungen fordern, die für die Kinder erreichbar sind und Erfolgserlebnisse bewirken. Dies stärkt den Selbstwert und das Selbstbewusstsein, jedoch nur in einer Umgebung von gegenseitigem Respekt und Vertrauen.

Wenn durch Gewalt zwischen Schülerinnen und Schülern Angst und Stress ausgelöst werden, reagiert der Körper destruktiv, und der Organismus verliert die Fähigkeit das zu tun, worauf es in der Schule ankommt: aufmerksam zu sein und zu lernen (Bauer 2007: 35f).

An die politischen Verantwortungsträger für die Bereiche Bildung und Gesundheit ist daher die Forderung nach besseren Rahmenbedingungen im Bildungsbereich zu stellen, die den Lehrpersonen konstruktives Arbeiten ermöglicht. Da Gewalt an Schulen ein Thema ist, vor dem wir uns nicht verschließen dürfen, ist die Politik auf allen Ebenen (Gemeinde, Land, Bund) gefordert, ausreichend finanzielle Mittel für Maßnahmen zur Förderung gewaltpräventiver Modelle zur Verfügung zu stellen.

„Unsere Kinder sind unsere Zukunft" soll nicht ein leerer Slogan bleiben, sondern uns alle einbinden in einen vertrauensvollen Umgang mit unseren Kindern und in eine verantwortungsvolle Politik, die gute Bedingungen für eine gewaltfreie Zukunft schafft.

Literatur

Bauer, Joachim (2007): Lob der Schule. Sieben Perspektiven für Schüler, Lehrer und Eltern. Hamburg: Hoffmann und Campe

Gebauer, Karl (2005): Mobbing in der Schule. Düsseldorf/Zürich: Beltz

Hurrelmann, Klaus (^{7}2004): Lebensphase Jugend. Eine Einführung in die sozialwissenschaftliche Jugendforschung. Weinheim/München: Juventa

Hurrelmann, Klaus & Bründel, Heidrun (2007): Gewalt an Schulen. Pädagogische Antworten auf eine soziale Krise. Weinheim/Basel: Beltz

IKF - Institut für Konfliktforschung (Hrsg.) (2004): Gewaltprävention in der Schule. Url: http://www.ikf.ac.at/a_proj04/a_pro04.htm (download: 04. 02. 2007)

Koch, Sannah (2006): Perspektivlosigkeit macht gewalttätig. In: Psychologie Heute 10/2006: 62-69

Olweus, Dan (^{4}2006): Gewalt in der Schule. Was Lehrer und Eltern wissen sollten – und tun können. Bern: Huber

Vieregg, Erika (2006): Mobbing im Klassenzimmer. URL: www.inter-uni.net (download: 11. 03. 2007)

Witzel, Andreas (1982): Verfahren der qualitativen Sozialforschung. Überblick und Alternativen. Frankfurt am Main: Campus

Schwache Kinder stark machen: Vulnerabilität und Resilienz im Kontext der Jugendpsychiatrie

Lars Güfel

Was lässt manche Kinder trotz enormer Belastungen und Krisen dennoch zu selbstbewussten und kompetenten jungen Erwachsenen werden? Was hilft Kindern aus schwierigen familiären und sozialen Verhältnissen, eine Kraft in sich zu entwickeln, um belastende Lebenslagen zu bewältigen? Ist es die biologische Grundausstattung oder die innerfamiliäre Erziehung, inwiefern spielen gesellschaftliche Aspekte eine Rolle? Vermutlich wirken viele schützende Faktoren auf biologischer, psychischer und sozialer Ebene zusammen; diese werden in der Sozialwissenschaft als Resilienzfaktoren bezeichnet.

Aus pädagogischer Sicht ergeben sich drei unterschiedliche idealtypische Entwicklungsverläufe von Kindern und Jugendlichen: Im ersten meistern Kinder sämtliche Entwicklungsschritte erfolgreich. Im zweiten durchleben sie zwar Entwicklungsschritte mit Schwierigkeiten, wachsen aber dennoch zu kompetenten und selbstbewussten Erwachsenen heran. Im dritten haben sie während ihrer Entwicklung immer wieder mit Belastungen und Rückschlägen zu kämpfen, woran sie mit der Zeit auch zerbrechen können. Als mögliche Ursachen werden in diesem Zusammenhang fast immer Belastungen auf der intraindividuellen Ebene, innerhalb der Familie, in der Peergroup, im schulischen Bereich und in der beruflichen Ausbildung oder im gesellschaftlichen Kontext genannt. Dass eine mit schweren Krisen und herben Rückschlägen behaftete Kindheit und Adoleszenz aber nicht immer mit psychischen Erkrankungen einhergehen muss, sondern betroffene Kinder sich eher unauffällig und sogar positiv entwickeln, erregte Aufmerksamkeit in mehreren wissenschaftlichen Bereichen. Die Resilienzforschung fragt danach, welche Faktoren ein Kind davor abhalten, an widrigen Umständen zu zerbrechen.

Während eines Berufspraktikums im Landeskrankenhaus Rankweil fiel dem Autor bei der Analyse von Anamnesen Jugendlicher aus der Jugendpsychiatrie auf, dass die Hauptgründe der Aufnahme auf ein nicht intaktes Zuhause verweisen. Vernachlässigung, auf sich alleine gestellt zu sein, Berufstätigkeit beider Elternteile und Alkoholproblematik der Eltern waren beinahe in jeder Krankenakte nachzulesen. Ein weitaus geringerer Anteil belief sich auf schulischen Leistungsdruck oder eine Intelligenzminderung.

Forschungsergebnisse belegen, dass Armut, Tod, Vernachlässigung, Misshandlung, Gewalterfahrung, Scheidung, Kriegstraumata, chronische Erkrankungen, psychisch labile Eltern und ein häufiger Kontakt mit Jugendämtern explizit als Indikatoren für Benachteiligungskarrieren ausgemacht werden können (Wustmann 2004; Welter-Enderlin & Hildenbrand 2006).

Ziel der Arbeit

Vor diesem Hintergrund basiert die vorliegende Arbeit zunächst auf dem eigenen Interesse am Thema Resilienz in Kombination mit Aspekten der Jugendpsychiatrie. Zentrales Anliegen war es, Lücken in Behandlungs- und Betreuungsmethoden der Jugendpsychiatrie zu entdecken, und diese durch das Aufzeigen von Handlungsalternativen zumindest potentiell zu schließen. Daraus ausgerichtete erkenntnisleitende Fragen lauten: Wie können betroffene Familien optimal beraten und gefördert werden? Welche Präventionsmaßnahmen sind sinnvoll und effektiv? Welche Möglichkeiten gibt es, sich abzuzeichnende Tendenzen für Vulnerabilität frühzeitig zu erkennen und diese mit professioneller Hilfe zu bewältigen?

Im empirischen Teil der Arbeit wurden zwei Studien aus Mitteleuropa mit englischen Studien aus Nord- und Westeuropa miteinander mit Bezug auf die o.g. Fragestellungen verglichen. Bei der Auswertung der Studien wurden sowohl Resilienz fördernde als auch hindernde Einflussfaktoren berücksichtigt.

Resilienz und Vulnerabilität

Mit der Resilienzforschung ist die Arbeit grundlegend theoretisch begründet. Dabei zeigt sich, dass „Resilienz" als Begriff uneinheitlich definiert ist und die alte philosophische Frage nach dem Verhältnis von Mensch und Umwelt aufwirft. Ob Menschen mit natürlichen Fähigkeiten zur Resilienz geboren werden oder einfach Glück haben, in ihrem Milieu förderliche Bedingungen für Selbstsicherheit und Widerstandskraft vorzufinden, lässt sich nicht so leicht beantworten. Ist nun die Fähigkeit zu Resilienz in bestimmten Menschen angelegt, oder ist sie ein Produkt guter Förderung in deren Sozialisationsprozess – oder beides zugleich? Um das Verhältnis annähernd zu klären, erscheint eine komplexe Sicht auf das Thema als angebracht, welche multiple, internal und external schützenden Faktoren als Quellen der Resilienz in Betracht zieht.

Mit der Einführung des Resilienzbegriffes erfolgte ein Perspektivenwechsel von der Defizitorientierung, dem pathogenetischen Modell, hin zur Ressourcenorientierung, dem salutogenetischen Modell. Mit anderen Worten: Diese neue Betrachtungsweise eröffnete die Chance, das langjährige „reparatur-orientierte" Förderverständnis zu überwinden und stattdessen, wie Freytag es formuliert, eher nach den individuellen „Selbstkorrekturkräften" zu suchen, die dann auch den Ausgangspunkt professionellen Handelns darstellen (Freytag 1999).

Das Konzept der Resilienz legte den Fokus erstmals auf die Bewältigung von Risikosituationen. Es interessieren nicht mehr nur Anpassungs- und Bewältigungsprobleme, die Aufmerksamkeit richtet sich vielmehr auf die Fähigkeiten, Ressourcen und Stärken jedes einzelnen Kindes, und wie Masten & Coatsworth deklarierten, ohne dabei aber die Probleme zu ignorieren oder zu unterschätzen (Masten & Coatsworth 1998). Gore & Eckenrode (1996) argumentieren, dass schützende Faktoren die Wahrscheinlichkeit von Funktionsstörungen und Krankheiten trotz stressvollen Lebenserfahrungen und Verwundbarkeiten verringern. Das Resilienzparadigma beinhaltet nun die Sichtweise vom Kind als aktiven Bewältiger und Mitgestalter seines eigenen Lebens; es ist erstmals von Schutzfaktoren die Rede, die im Kind wirksam sind. Für Richman & Fraser sind zwei wesentliche Bedingungen unbedingt erforderlich, um ein Kind als resilient bezeichnen zu können: Als erstens muss zumindest eine bedrohliche Lebenssituation für die kindliche Entwicklung bestehen und zweitens muss dieser belastende Lebensumstand vom Kind, natürlich mit Hilfe seines sozialen Netzwerkes, erfolgreich bewältigt werden (Richman & Fraser 2001). Wenn z.B. ein Kind ein positives Entwicklungsbild aufweist, es ein hohes Maß an Selbstvertrauen besitzt, Lernbereitschaft und Sozialkompetenz des Kindes gut ausgeprägt sind, bestehen zwar ausreichend Schutzfaktoren, allerdings würde man dieses Kind noch nicht als resilient bezeichnen. Dies wäre erst dann der Fall, wenn besondere Schwierigkeiten zu überwinden wären, und dieses Kind eine außerordentliche Bewältigungsleistung erbracht hat. Deshalb können nur jene Kinder als resilient angesehen werden, die sich trotz massiver Belastungen erstaunlich gut entwickeln, im Vergleich zu jenen Kindern, die unter denselben Voraussetzungen psychische Beeinträchtigungen aufweisen. Resilienz heißt nicht,

„(…) dass man unverwundbar ist oder unversehrt in einen früheren Zustand zurückkehrt. Es heißt vielmehr, dass man gegen ungünstige Bedingungen oder Risikofaktoren erfolgreich angeht, sich durch sie hindurch kämpft, aus den Widrigkeiten lernt und darüber hinaus versucht, diese Erfahrungen in das Gewebe seines Lebens als Individuum und in der Gemeinschaft zu integrieren." (Welter-Enderlin & Hildenbrand 2006).

Zusammenfassend sind fünf zentrale Punkte charakteristisch für Resilienz:

- Resilienz ist lernbar und beinhaltet eine Kapazität, die im Laufe der Entwicklung des Kindes durch Interaktionen mit der Umwelt (Familie, Schule, Freundschaften, Nachbarn, Gesellschaft) erworben wird.
- Resilienz besteht aus angeborenen und milieuabhängigen Faktoren.
- Resilienz ist keine lebenslange Fähigkeit, sondern variiert im Laufe der Zeit und ist von den aktuellen Einflüssen und Belastungen sowie deren Anhäufung abhängig.
- Der Mensch ist aktiver Bewältiger und Mitgestalter seines Lebens.
- Resilienz basiert auf einem Wechselspiel auf drei Ebenen: Körperliche Grundausstattung (biologische Ebene), psychische Widerstandsfähigkeit (psychologische Ebene) und Interaktion mit seiner Umwelt (soziale Ebene).

Vulnerabilität bezeichnet den Gegenpart von Resilienz und gehört somit dem Konzept der pathogenetischen Modelle an. Oft werden die Begriffe „Vulnerabilität" und „Risikofaktoren" synonym verwendet, doch es besteht ein grundlegender Unterschied. Laut Arrington & Wilson wird von Risikofaktoren in Bezug auf eine Gruppe von Menschen gesprochen, während Vulnerabilität oft verwendet wird, um ein Individuum zu charakterisieren (Arrington & Wilson 2000).

Vulnerabilität kennzeichnet damit die Verwundbarkeit einer Person gegenüber (äußeren) ungünstigen Einflussfaktoren. Scheitbauer verwendet in diesem Konzept explizit den Begriff der „Vulnerabilitätsfaktoren" und zählt hierzu etwa Defizite, Defekte oder Schwächen des Kindes. Dabei sind sämtliche Vulnerabilitätsfaktoren in zwei Kategorien unterteilbar: zum einen die primären Vulnerabilitätsfaktoren (das sind jene, die das Kind schon von Geburt an aufweist; z.B. Frühgeburt, genetische Disposition, Geburtskomplikationen) und zum anderen die sekundären Vulnerabilitätsfaktoren (jene, die das Kind in der Auseinandersetzung mit seiner Umwelt entwickelt oder erhält; z.B. ein negatives Bindungsverhalten) (Scheitbauer 2000).

Nach Remschmidt verlieren die primären Vulnerabilitätsfaktoren, also biologische Faktoren, mit steigendem Alter an Bedeutung, während hingegen die sekundären Vulnerabilitätsfaktoren, also psychosoziale Risiken, mit dem Altern zunehmen (Remschmidt 1988). Belastungen während der Schwangerschaft gelten als besonders problematisch, denn in dieser Zeit befindet sich das Kind in einem Stadium, in dem es sich rasch entwickelt. Das bedeutet, es ist während dieser Zeit besonders anfällig und verfügt nur über geringe Bewältigungsstrategien und Schutzmöglichkeiten. Wustmann (2004) konstatiert, dass in der Kindheit bei den psychosozialen Faktoren hauptsächlich familiäre Risiken eine Rolle spielen, hingegen im Jugendalter diese familiären Risiken durch Risiken aus dem schulischen Bereich und der Peer-Group abgelöst werden (Wustmann 2004).

Laucht, Schmidt & Esser legen eine exemplarische Auswahl von Vulnerabilitäts- und Risikofaktoren vor, um den Unterschied anhand konkreter Beispiele zu verdeutlichen. So zählen zu den Vulnerabilitätsfaktoren:

- prä-, peri- und postnatale Faktoren (Frühgeburt, Geburtskomplikationen, niedriges Geburtsgewicht, Erkrankungen des Säuglings, Ernährungsdefizite);
- psychophysiologische Faktoren (sehr niedriges Aktivitätsniveau);
- genetische Faktoren (z.B. Chromosomenanomalien);
- chronische Erkrankungen (Asthma, Neurodermitis, Krebs, schwere Herzfehler, hirnorganische Schädigungen);
- eine unsichere Bindungsorganisation;
- schwierige Temperamentsmerkmale, frühes impulsives Verhalten;
- geringe kognitive Fertigkeiten: niedriger Intelligenzquotient, Defizite in der Wahrnehmung und sozial-kognitiven Informationsverarbeitung;
- geringe Fähigkeiten zur Selbstregulation von Anspannung und Entspannung (Laucht, Schmidt & Esser 2000).

Die folgende schematische Darstellung verdeutlicht die wesentlichen Aspekte der bisherigen Ausführungen und das Zusammenspiel von „Schutzfaktoren" und „Risikofaktoren" sowie von „Resilienz" und „Vulnerabilität" (Scheithauer 2002).

Abbildung 1: Faktoren von Vulnerabilität und Resilienz

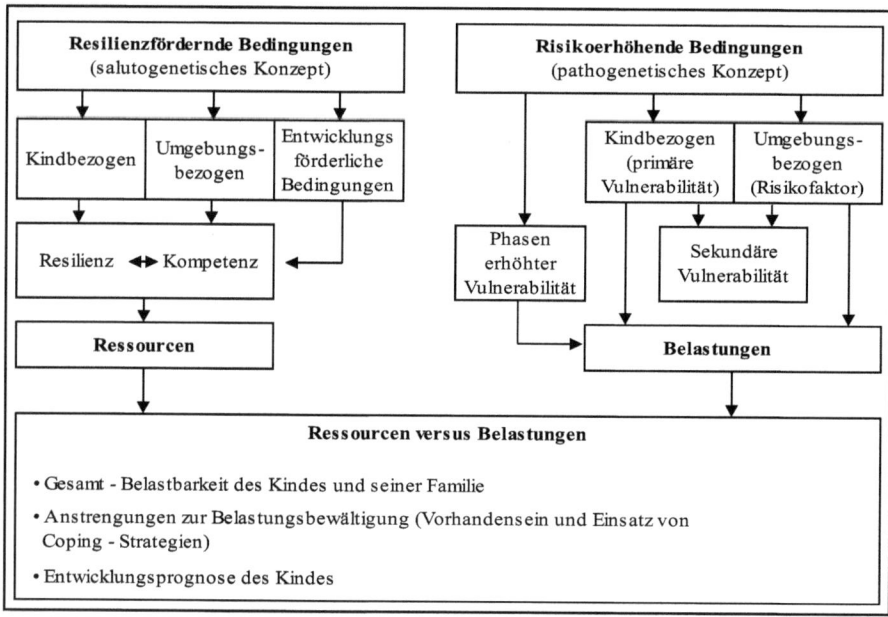

Auf der rechten Seite stehen die risikoerhöhenden Faktoren als Belastungen für die kindliche Entwicklung. Sie können kindbezogenen Bedingungen (primäre Vulnerabilität) oder umgebungsbezogenen Bedingungen (sekundäre Vulnerabilität) zugeordnet werden. Darüber hinaus gibt es in der kindlichen Entwicklung Phasen erhöhter Vulnerabilität (Übergang zwischen zwei Entwicklungsstufen), die, wenn sie mit Risikobelastungen oder Krisen zeitgleich einhergehen, die Entwicklung des Kindes massiv beeinträchtigen können.

Auf der linken Seite stehen die resilienzfördernden Bedingungen als kindbezogene (interne), umgebungsbezogene (externe) oder entwicklungsförderliche Ressourcen. Aus dem Zusammenspiel zwischen den risikoerhöhenden und resilienzfördernden Faktoren werden sämtliche Belastungen versus Ressourcen abgewogen und bilanziert. Erst durch diese Gegenüberstellung von kind- und umgebungsbezogenen Risiko- und Schutz- sowie Resilienz- und Vulnerabilitätsfaktoren kann letztlich eine Aussage über die Belastung des Kindes, seiner Familie und über den möglichen Entwicklungsverlauf dieses Kindes getroffen werden. Allgemein gilt: Je mehr schützende Bedingungen vorhanden sind, desto größer wird die Wahrscheinlichkeit sein, dass Risikosituationen erfolgreich bewältigt werden und das Kind sich positiv entwickelt.

Auswertung englischsprachiger Fachliteratur

Die Diplomarbeit basiert weitgehend auf englischer Fachliteratur, da der Begriff der Resilienz in Zusammenhang mit der Psychiatrie vom englischen Autor Michael Rutter maßgeblich geprägt und in Folge zunächst in der angloamerikanischen Sozialwissenschaft verbreitet wurde. [1] So verwenden z.B. die Autorinnen und Autoren Suniya S. Luthar, Ann S. Masten, Robert J. Haggerty die Begriffe resilience und vulnerability in ihren Arbeiten, mit denen sie sich als Spezialisten auf diesem Gebiet etablierten. Ergänzend zu den englischen und amerikanischen Autoren wurde auch deutschsprachige Literatur integriert.

Für den Literaturteil wurden zwei bekannte Resilienzstudien als repräsentative mitteleuropäische Studien rezipiert: die „Mannheimer Risikokinderstudie" von Laucht und die „Bielefelder Invulnerabilitätsstudie" von Lösel u.a.. Hierzu wurden die englischen Studien aus Nord– und Westeuropa in Bezug gesetzt.

Für die Skizze einer Vorarlberger Einrichtung für Jugendliche mit psychischen und psychiatrischen Erkrankungen der Jugendpsychiatrie des Landeskrankenhaus Rankweil wurden Analysen aus Berufspraktikum und seinerzeit geführte Interviews herangezogen.

Obwohl der Begriff der Salutogenese klinisch produktiver und spezifischer zu sein scheint, macht gerade der Resilienzbegriff derzeit eindrucksvoll Karriere und zieht verstärkt in sozialwissenschaftlicher Fachliteratur ein. Wie Hondrich feststellt, haben nur Begriffe mit einer so genannten „Erlösungskomponente" die Chance auf wirkliche Popularität und damit Verallgemeinerungsfähigkeit (Hondrich 1998). Resilienz scheint in vielerlei Hinsicht diese Erlösungskomponente zu besitzen, darauf verweisen die europäischen Studien. Denn das Resilienzkonzept erlaubt in erster Linie, die Auseinandersetzung mit individuellen und zwischenmenschlichen Problemen aus den defizitären, pathologisierenden und stigmatisierenden Zuschreibungen zu befreien, indem es dem Menschen zuschreibt, die Freiheit und Verantwortung seines eigenen Schicksals zu bestimmen. Resilienz orientiert sich prinzipiell nicht negativ am Mangel eines Menschen oder eines familiären Systems, sondern positiv an den jeweils verfügbaren Ressourcen.

Die Kenntnis schützender Faktoren, wie sie von der Resilienzforschung identifiziert und in die Diskussion eingebracht werden, sind für die Konzipierung von Präventionsmaßnahmen, für die Entwicklung multidimensionaler Konzepte

---

[1] Michael Rutter ist Professor und Leiter des „Department of Child and Adolescent Psychiatry at the University of London's Institute of Psychiatry" und „Director of the Medical Research Council Child Psychiatry Unit"

sowie für alle Erziehungspersonen bedeutsam. Was dabei zählt, sind keine außergewöhnlichen, magischen Fähigkeiten, sondern eigentlich normale menschliche Eigenschaften: Die Fähigkeit, positiv zu denken, zu lachen, zu hoffen, dem Leben einen Sinn zu geben, aktiv zu handeln, um Hilfe zu bitten oder Beziehungen zu anderen Menschen zu suchen. Diese Eigenschaften verleihen eine enorme Kraft, sich als Kind auch unter widrigsten Bedingungen konstruktiv zu entwickeln.

Für eine umfassende Prävention bedarf es nicht nur der professionellen Förderung von Resilienz bei Kindern und Jugendlichen, sondern der Familie selber. Eine resilienzfördernde Erziehung soll die Stärken des Kindes betonen, seine Fähigkeit zur Selbststeuerung und zur aktiven Problemlösung fördern, ohne dabei aber auf den nötigen Schutz und die intensive Begleitung zu verzichten. Das Kind durchlebt mehrere Entwicklungsstufen, und im Laufe dieser Entwicklung formen sich die für ihn typischen Charaktereigenschaften, die diese Person dann so einzigartig macht. So gibt es Kinder, die schon von klein weg möglichst viel selber machen wollen. Sie sind stolz auf das, was sie mit eigener Kraft erreichen können, und wollen sich dabei auch nicht helfen lassen. Andere Kinder sind zaghaft und ängstlich, sie klammern sich an die sichere Hand der Eltern und scheuen jedes Risiko. Aber Erwachsene unterscheiden sich darin, wie sie ihr Kind ermutigen und zur Selbständigkeit erziehen. Es ist in vielerlei Hinsicht eine echte Erziehungskunst, die eigenen Kinder „richtig" zu erziehen. Denn was für das einzelne Kind oder für die Familie oder für die Gesellschaft als richtig angesehen wird, kann durchaus sehr weit auseinanderdriften. So liegt es hauptsächlich in der Verantwortung der Eltern, das „rechte Maß" zwischen Überbehütung und Laissez-Faire zu finden und die eigenen Kinder gut zu begleiten, ihnen Zeit zu geben und altersgemäße Anforderungen zu stellen.

Am wichtigsten erscheint es, die Elastizität bei gleichzeitig innerer Festigkeit des Kindes zu stärken, mit anderen Worten, seine Resilienz, seine seelische Widerstandsfähigkeit und seine Anpassungsfähigkeit. Eine Erziehung, welche die inneren Kräfte des Kindes von früh an stärkt, trägt dazu bei, mögliche vorhandene schwere Belastungen oder traumatische Erfahrungen wie chronische Erkrankungen, Unfälle, Verlust von Nähe stehenden Personen, Scheidungen oder schulische Misserfolge besser aufzufangen und zu kompensieren.

Im Mittelpunkt der Resilienzforschung steht in Zukunft sicher eine stärkere Betonung der primären Prävention, gemäß dem Leitprinzip: „So früh wie möglich!". Dazu gehört die Förderung wichtiger Resilienzfaktoren wie z.B. Problemlösefähigkeiten, Selbstwirksamkeitsüberzeugungen und positive Selbsteinschätzung. Zentral ist außerdem die Stärkung der Motivation zur Bewältigung von

Herausforderungen: Kinder sollen erkennen, dass sie selbst aktiv zur Bewältigung von Stress- und Problemsituationen beitragen können und nicht in passiver Hilflosigkeit verharren müssen. Dazu müssen sie lernen, sich selbständig Hilfe zu holen sowie eigene Ressourcen realistisch wahrzunehmen und diese dann problem- und situationsgerecht einzusetzen. Auf diesem Weg wird ihre positive Selbstzuschreibung effektiv gestärkt, was wiederum zu einer positiveren Einschätzung der Stress- und Risikosituation selbst führt. Diese wird dann weniger als belastend und bedrohlich, sondern vielmehr als herausfordernd erlebt. Allerdings konzentriert sich die Forschung nach wie vor vornehmlich auf äußere soziale Faktoren, insbesondere auf sozioökonomische. Nur selten werden tatsächliche Interaktionsbeobachtungen durchgeführt (die beispielsweise die Qualität der Mutter-Kind-Interaktion detailliert erfassen), und noch seltener werden innerpsychische Variablen des Kindes einbezogen. Letztere sind es aber schließlich, die eine psychische Störung verursachen. Werden solche qualitativen Dimensionen (Mutter-Kind-Beziehung, innerpsychische Variablen) einbezogen, relativiert sich der Einfluss der äußeren Faktoren immens.

Trotz dieser positiven und für die Zukunft der Kinder wertvollen Aspekte des Resilienzkonzepts, zeigt es jedoch auch Grenzen. So ist Resilienz ein Prozess, der nicht für jede Person dieselben Wirkungen erzielt. Vielmehr muss Resilienz in einem kulturellen, historischen, ökonomischen und menschlichen Entwicklungskontext differenziert verstanden werden. Hildenbrand (2006) führt in diesem Zusammenhang an, dass Resilienz eine interaktionale und soziale Kategorie darstellt, und somit die Reduktion von Resilienz auf individuelle Eigenschaften ausgeschlossen ist (Hildenbrand 2006).

Eine weitere Grenze des Resilienzkonzeptes findet sich in speziellen Betreuungseinrichtungen für Kinder und Jugendliche. Denn, obwohl der Fokus der Behandlung womöglich auf dem Resilienzkonzept liegen mag, dürfen gerade medizinische und psychiatrische Symptome durchaus nicht übersehen werden. Hier schließe ich gleich mit der nächsten Einschränkung an, die sich vor allem in der Therapie und der Beratung abzeichnen kann. Resilienzorientierte Ansätze im Beratungs- oder Therapiegespräch mögen zwar auf Stärken orientiert sein, allerdings sind sie nicht per se als synonym mit lösungsorientierten Ansätzen gleichzustellen. In speziellen Fällen mag es keine Lösung geben, stattdessen soll der Klient lernen, mit unbeantworteten Fragen leben zu können. Die Einflussmöglichkeiten professioneller Helferinnen und Helfer geraten an ihre Grenzen, das belegt bereits die in der Resilienzforschung grundlegende Längsschnittstudie (Welter-Enderlin, 2006). Demnach bewerten fast alle untersuchten Menschen die Wirksamkeit professioneller Helfer wie Psychiater, Psychologen oder Sozialarbeiter als weitaus niedriger als die Unterstützung und Ratschläge durch Ehepartner, Freunde, Lehrer und Arbeitskollegen (Welter-Enderlin 2006).

Für die Zukunft bleibt zu hoffen, dass das Konzept der Resilienz und der daraus resultierenden Handlungsmethoden dennoch weiter Einzug in die Sozialwissenschaften und die soziale Arbeit hält. Denn dadurch wird es möglich, Kinder mit all ihren Talenten, Fähigkeiten und ihren spezifischen Kompetenzbereichen und Kreativpotentialen zu identifizieren und zu fördern. Auch können Kinder dadurch angeregt werden, sich als selbstwirksam wahrzunehmen und die meist unvermeidlichen Alltagsanforderungen und belastenden Lebenssituationen zu meistern.

Literatur

Arrington, Edith & Wilson, Melvin (2000): A re-examination of risk and resilience during adolescence: incorporating culture and diversity. In: Journal of Child and Family Studies 9 (2): 221-230

Freytag, Andreas (1999): Kann das Resilienzparadigma integrierende Funktion für die konzeptuelle Weiterentwicklung der Frühförderung übernehmen? In: Opp, Günther; Fingerle, Michael & Freytag, Andreas (Hrsg.) (1999): Was Kinder stärkt: Erziehung zwischen Risiko und Resilienz. München: Ernst Reinhardt: 166-169

Hildenbrand, Bruno (Hrsg.) (2006): Erhalten und Verändern: Rosmarie Welter-Enderlins Beitrag zur Entwicklung der systemischen Therapie und Beratung. Heidelberg: Carl-Auer Verlag: 55f

Hondrich, Karl Otto (1998): Zur Dialektik von Individualisierung und Rückbindung am Beispiel der Paarbeziehung. In: Aus Politik und Zeitgeschichte 53/1998: 3-8

Laucht, Manfred; Schmidt, Martin & Esser, Günter (2000): Risiko- und Schutzfaktoren in der Entwicklung von Kindern und Jugendlichen. In: Frühförderung interdisziplinär, 19 (3): 98f

Masten, Ann; Coatsworth, J. Douglas (1998): The development of competence in favourable and unfavourable environments: Lessons from research on successful children. In: American Psychologist: 205-220

Remschmidt, Helmut (1988): Risikofaktoren, protektive Faktoren und Prävention. In: Kisker, K. (Hrsg.) (1988): Psychiatrie der Gegenwart (Band 7: Kinder- und Jugendpsychiatrie). Berlin: Springer: 375-410

Richman, Jack & Fraser, Mark (2001): Resilience in childhood: The role of risk and protection. In: Richman, Jack & Fraser, Mark (Hrsg.) (2001): The context of youth violence: resilience, risk, and protection. Westport: Praeger Publishers: 1-12

Scheithauer, Herbert; Petermann, Franz & Niebank, Kay (2000): Frühkindliche Entwicklung und Entwicklungsrisiken. In: Petermann, Franz; Niebank, Kay & Scheithauer, Herbert (Hrsg.) (2000): Risiken in der frühkindlichen Entwicklung: Entwicklungspsychopathologie der ersten Lebensjahre. Göttingen: Hogrefe: 15-38

Welter-Enderlin Rosmarie & Hildenbrand Bruno (2006): Resilienz – Gedeihen trotz widriger Umstände. Heidelberg: Carl-Auer Verlag

Wustmann, Corinna (2004): Resilienz: Widerstandsfähigkeit von Kindern in Tageseinrichtungen fördern. Weinheim/Basel: Beltz

Was benötigen Kinder mit desorganisiertem Bindungsverhalten?

Stefanie Hammerer

Menschliche Bindungsfähigkeit

Anfang der 1960er Jahre erkundete der englische Psychiater und Psychoanalytiker John Bowlby anhand seiner klinischen Erfahrungen und Beobachtungen die Grundlagen menschlicher Bindungsfähigkeit und entwickelte darauf das erste Konzept einer Bindungstheorie (vgl. Brisch, Grossmann, Grossmann & Köhler 2002: 7). Hierzu schreibt er:

> „Die Fähigkeit des Menschen, Sprache und andere Symbole zu gebrauchen, sein Vermögen, Pläne und Modelle zu entwickeln, eine lang andauernde Zusammenarbeit und Konflikte mit anderen einzugehen, dies macht den Menschen zu dem, was er ist. All diese Prozesse haben ihren Ursprung in den ersten drei Lebensjahren, und alle sind zudem von den ersten Lebenstagen an ein Teil der Organisation des Bindungsverhalten." (Bowlby 1982: 358)

Dieses Zitat verdeutlicht, dass die ersten Lebensjahre eines Menschen wesentlich hinsichtlich der Entwicklung zukünftiger Bindungen sind. Bindung lässt sich als jenes am Kind beobachtbare Verhalten beschreiben, welches sich auf ein dauerhaftes affektives, psychosoziales Näheverhältnis zu einer bevorzugten und unersetzlichen Bezugsperson gründet und durch ein Bedürfnis nach Nähe und Kontakt gekennzeichnet ist (vgl. Brisch, Grossmann, Grossmann & Köhler 2002: 13-14). Dadurch entwickelt sich eine emotionale Verbindung zwischen zwei oder mehreren Personen, wobei es sich im Säuglingsalter meistens um die Mutter-Kind-Beziehung handelt (vgl. Perry 1999: 1).

Auf Basis der Studie „Die Fremde Situation" von Mary Ainsworth werden seit Ende der 1960er Jahre vier verschiedene Bindungsstile idealtypisch identifiziert (vgl. Ainsworth in Zweyer 2006: 2):

- die sichere Bindung,
- die unsicher-ambivalente Bindung,
- die unsicher-vermeidende Bindung
- und die desorganisierte Bindung.

Während sich die sichere Bindung als unproblematisch für die kindliche Entwicklung darstellt, erweist sich die desorganisierte Bindung hierfür als besonders gravierend. Unter „Desorganisation" sind dabei Verhaltensweisen der Orientierungslosigkeit, fehlendes Explorationsverhalten, kein oder ein gestörtes Näheverhältnis zur Bezugsperson zu verstehen. Des Weiteren zeichnet sich dieser Bindungsstil durch ein widersprüchliches, unvorhersehbares Verhalten der betroffenen Kinder aus, angefangene Handlungen werden nicht zu Ende geführt und sie wirken zum Teil wie erstarrt (vgl. Zweyer, 2006: 3).

Einige Faktoren können beim Kleinkind dazu führen, dass es keine sicheren Bindungen aufbauen kann bzw. in deren Aufbau gehemmt wird. Dazu zählen vor allem Traumata (z.B. Verlust und Trennungstraumata, vgl. Hüther 2002: 1), Deprivation (Vorenthaltung von notwendigen Objekten und/oder Reizen, vgl. Perry 1999: 2) oder Misshandlung (z.B. körperliche oder sexuelle Gewalt, vgl. Scheurer-Englisch 1997: 7). Ist ein Kind bereits in den ersten Lebensjahren einem derartigen Umstand ausgesetzt, zeichnet sich sein Bindungsverhalten in den meisten Fällen durch Desorganisation aus.

Desorganisierte Bindungsmuster wirken nachweislich ein Leben lang und beeinflussen das individuelle Bindungs-, Leistungs- und Sozialverhalten in negativer Art). Menschen mit desorganisierter Bindung leiden häufig unter einem negativen Selbstwertgefühl und haben Schwierigkeiten Beziehungen mit anderen Menschen einzugehen. Folglich kann das Ergebnis sein, dass sich betroffene Personen ständig mit dem Thema „Bindung" befassen und anfangen sich an Andere zu klammer, oder sie ziehen sich durch Überforderung und Angst des Beziehungsaufbaus völlig zurück (vgl. Wiemann 2002: 1-3). Die Frage, wie desorganisiertem Bindungsverhalten möglichst frühzeitig in der kindlichen Entwicklung entgegengewirkt werden kann, ist daher für Forschung und Soziale Arbeit zum Schutz des Kindeswohls evident.

Zielsetzung der Diplomarbeit

Die vorliegende Diplomarbeit geht davon aus, dass ein desorganisierter Bindungsstil in der kindlichen Entwicklung nicht irreversibel ist, sondern in eine konstruktive Richtung gebracht werden kann. Anders formuliert: Desorganisierte Bindung lässt sich wieder organisieren, sprich, zu einem sicheren Bindungsverhalten entwickeln. Dieser Heilungsprozess kann allerdings nur angestoßen werden, wenn bestimmte Voraussetzungen erfüllt sind. Diese Arbeit verfolgt die Fragestellung, welche Gegebenheiten vorhanden sein müssen, bzw. welche Angebote gesetzt werden sollten, damit desorganisiert gebundene Kindern Entwicklungsdefizite aufholen können. Es gilt, bei Kindern, die in ihren Eltern keine konstanten Bezugspersonen finden konnten, sicheres Bindungsverhalten aufzubauen, damit die Kinder sich konstruktiv altersgerecht entwickeln können. Gemäß Theoremen der Bindungstheorie wird diese Entwicklung durch folgende Faktoren gefördert:

- ein verlässliches, konstantes Bindungsangebot der Pflegeeltern bzw. der neuen Bezugspersonen;
- dem desorganisierten Kind muss sehr viel Akzeptanz entgegen gebracht werden;
- das Kind braucht ein hohes Maß an Zeit und Geduld der neuen Bezugspersonen.

Im Rahmen dieser Arbeit wird überprüft, ob die Grundannahmen der Theorie mit der Praxis übereinstimmen und inwiefern hierzu neue Erkenntnisse gewonnen werden können.

Methodischer Zugang

Die Diplomarbeit geht davon aus, dass ein desorganisiertes Bindungsverhalten bei einem Kind wieder geheilt werden kann. Basierend auf dieser Annahme wurden drei weiterführende erkenntnisleitende Hypothesen aufgestellt, die der Frage nachgehen, welche zentralen Bedingungen erfüllt werden müssen, damit fremduntergebrachte Kinder ein sicheres Bindungsmuster erwerben können, bzw. was gegeben sein muss, dass sie Verhaltensauffälligkeiten und Entwicklungsdefizite verändern können:

- Das Bindungsangebot der Pflegeeltern ist ausschlaggebend für die Reorganisation des Bindungsverhalten des Kindes.
- Die Akzeptanz der Persönlichkeit des Kindes durch die Pflegeeltern und ein feinfühliger Erziehungsstil sind ausschlaggebend für die Entwicklung einer sicheren Bindung beim Kind.
- Die Dauer des Pflegeverhältnisses ist ein wesentlicher Faktor bei der Veränderung des desorganisierten Bindungsstils.

Um die erkenntnisleitenden Hypothesen zu verfolgen, wurden zwei Pflegekindermütter des Vorarlberger Kinderdorfes mittels qualitativer themenzentrierter Interviews intensiv befragt (vgl. Flick in Mayer 2004: 39). Diese Form wurde gegenüber dem narrativen Interview bevorzugt, weil keine tiefenpsychologischen Aspekte, sondern inhaltliche Aussagen von Expertinnen und Experten analysiert werden sollen. Da begründet angenommen werden darf, dass zahlreiche fremduntergebrachte Kinder desorganisiert gebunden sind, gelten die Pflegekindermütter als Fachfrauen in Fragen familiärer Erziehung von Kindern in prekären Lebenslagen. Beide nahmen jeweils vor ca. vier bis fünf Jahren ein Pflegekind auf, dessen Verhalten Hinweise auf einen desorganisierten Bindungsstil gaben. Zum Untersuchungszeitpunkt handelte es sich dabei um einen sechsjährigen Jungen und ein siebenjähriges Mädchen. Hinzu kam noch die Stellungnahme eines fachlichen Experten, eines Psychologen, der im Pflegekinderdienst tätig ist und die jeweiligen Pflegefamilien betreut und professionell begleitet. Somit konnte die Eigeneinschätzung der Pflegefamilie und die fachliche Bewertung durch den Experten gewonnen und konkretisiert werden.

Die Fragestellungen an die Expertinnen und den Experten ergeben sich aus dem Theoriediskurs und bilden das Grundgerüst für die Formulierung des Leitfadens. Aufgrund der geringen Interviewanzahl wurden die Gespräche sehr differenziert inhaltlich aufbereitet. Folgende Kategorien wurden darin hinterfragt:

- Entwicklungsverzögerungen und regressives Verhalten (Merkmale für ein desorganisiertes Bindungsverhalten),
- Erklärungen der befragten Pflegeeltern, worauf sich die Entstehung eines desorganisierten Bindungsverhalten bei ihren Pflegekindern zurückführen lässt,
- Stärken und Ressourcen der Pflegefamilie,
- Akzeptanz gegenüber dem Pflegekind,
- Feinfühliger Erziehungsstil der Pflegeeltern,
- Besuchskontakte zur Herkunftsfamilie,
- Kontrolle und Grenzsetzung,
- Rückfälle in frühere Verhaltensmuster,
- Zukunftsprognosen der Pflegeeltern.

Alle drei Interviews zeigen deutlich, dass die beiden fremduntergebrachten Kinder Defizite in ihrer Entwicklung vorweisen. Anhand der drei Gespräche können theoretisch beschriebene Merkmale desorganisierten Bindungsverhaltens bestätigt werden, die sich auf dessen Entstehung und Überwindung beziehen.

Entstehung der desorganisierten Bindung

Als Ursachen für die Entstehung der desorganisierten Bindung beschreiben die Befragten mangelnde Erziehung in den ersten Lebensjahren der Pflegekinder. Des Weiteren führen sie die Bindungsstörung auf Gewalterfahrungen in der Herkunftsfamilie, Alkoholmissbrauch, Depressionen und eine schwierige finanzielle Situation der leiblichen Eltern zurück.

Entwicklungsfortschritte

Die Pflegekinder lebten zum Zeitpunkt der Durchführung der Interviews bereits vier bzw. fünf Jahre in den Pflegefamilien. Vom Anfang der Fremdunterbringung bis zum Moment der Interviews können der Experte und die Pflegemütter folgende Entwicklungsforstschritte beim jeweiligen Kind erkennen:

- Sprachentwicklung: Anfänglich hatten die beiden Pflegekinder erhebliche Mängel in ihrer Sprachentwicklung, bzw. dem Sprachverständnis. Mittlerweile konnte diese Defizite aufgeholt werden, und die Kinder sind im Besitz eines altersgerechten Sprachgebrauchs.
- Schlafstörungen und Albträume: Desorganisiert gebundene Kinder zeichnen sich häufig durch Schlafstörungen und/oder Albträume aus, die durch ihre frühkindlichen Erfahrungen geprägt sind. Eine Pflegemutter beschreibt, dass ihr desorganisiertes Kind stets ruhig und leise im Bett war, am Morgen jedoch nicht aufgestanden ist. Von selbst ist das Kind nie aus dem Bett gekommen. Offensichtlich fehlt desorganisiert gebundenen Kinder jegliche Motivation am Morgen aufzustehen, oder sie sehnen sich danach, dass ihre Pflegeeltern sie liebevoll aus dem Bett holen. Das vermittelt ihnen ein Gefühl der Zuwendung und sie spüren, dass ihre Anwesenheit erwünscht ist. Mittlerweile steht das Kind am Morgen selbstständig auf, die Albträume tauchen jedoch nach wie vor auf. Das ist auch ein nicht außer Acht zu lassendes Problem beim zweiten Kind. Daraus ist der Schluss zulässig, dass sie in den nächtlichen Träumen ihre frühkindlichen Erfahrungen verarbeiten.
- Spielverhalten: In der Entwicklung des Spielverhaltens waren beide Kinder erheblich verzögert. So zum Beispiel wurden Spielsachen häufig mutwillig kaputt gemacht oder diverse Dinge im Zimmer gehortet. Dadurch war ein Spiel mit anderen Kindern kaum möglich.

Mittlerweile spielen die beiden ihrem Alter entsprechend, d.h. auch im Kindergarten bzw. in der Schule können sie mit anderen Kindern in Beziehung treten.
- Sauberkeitsentwicklung: Diese Entwicklungsverzögerung wird von allen drei Probanden als bedeutende Problematik einer desorganisierten Bindung angesehen, wie sie auch in der Theorie immer wieder beschrieben ist. Vor allem in Situationen der Überforderung, Anspannung etc. hatten die beiden hinterfragten Kinder ihre Ausscheidung nicht unter Kontrolle. So zum Beispiel konnte bei einem festgestellt werden, dass es immer wieder in die Hose machte, wenn es mit seinem Bruder zusammentraf. Offensichtlich lösten diese Kontakte ein Unwohlsein bei ihm aus, deshalb fanden sie nur noch begrenzt und stets mit professioneller Begleitung statt Seit der Fremdunterbringung haben beide Kinder diesbezüglich große Fortschritte gemacht, jedoch wenn sie unter (psychischem) Stress leiden und überfordert sind, kommt es trotzdem noch vor, dass sie ihre Ausscheidung nicht kontrollieren können.
- Körperhygiene: Nicht weniger problematisch wird die Körperhygiene der Kinder eingeschätzt. Angefangen vom Sich-selbst-Waschen und Haarekämmen bis hin zum Zähneputzen konnten Defizite bei den Kindern festgestellt werden. Die Pflegemütter, aber auch der Experte führen diese Tatsache darauf zurück, dass in der Herkunftsfamilie kein Wert darauf gelegt wurde, sprich den Kindern niemals Körperhygiene und Sauberkeit nähergebracht wurde. Für beide Familien war es ein langer Prozess, bis die Kinder soweit waren, sich selbst zu waschen. Mittlerweile klappt dies laut den Aussagen der Befragten jedoch recht gut. Beim Mädchen sind diesbezüglich keine Probleme mehr vorhanden, der Junge muss noch ab und zu zum Waschen ermahnt werden.
- Essverhalten: Beide Kinder zeigten immer wieder gravierende Auffälligkeiten in ihrem Essverhalten. Eines der beiden Kinder war zum Zeitpunkt der Fremdunterbringung unterernährt. Auf der einen Seite wurde es von den leiblichen Eltern mangelhaft ernährt und auf der anderen verweigerte es zum Teil auch die Nahrungsaufnahme. Zu Beginn der Fremdunterbringung gab es Phasen, in denen das Kind ausschließlich flüssige Nahrung zu sich nahm. Zum jetzigen Zeitpunkt nimmt das Kind die Mahlzeiten gemeinsam mit der Familie an einem Tisch zu sich. Laut der Pflegemutter isst das Mädchen nur kleine Portionen und ist dabei sehr wählerisch, aber darin erkennt sie keine Störung des Essverhaltens mehr. Im Gegensatz dazu lässt sich beim zweiten Kind ein gegenteiliges Verhaltensmuster beobachten, denn der Junge isst sehr

gerne und große Portionen, als habe er kein Sättigungsgefühl. Durch die Grenzsetzung der Pflegeeltern ist es gelungen, dass sich das Essverhalten des Jungen verändert hat. Nach wie vor isst er sehr gerne Süßigkeiten. Die Pflegemutter empfindet das jedoch als kein Problem mehr, denn er kann akzeptieren, wenn er z.B. keine Schokolade bekommt. Zum Zeitpunkt der Fremdunterbringung ist er, wenn ihm Süßigkeiten verwehrt wurden, wütend und aggressiv geworden.

- Nähe- und Distanzkonflikt: Es fällt den Kindern sehr schwer, Körpernähe zur Pflegefamilie anzunehmen. Eines der Kinder hat sich eine eigene Methode angeeignet, um das Bedürfnis der Nähe zu befriedigen. Im Spiel, z.B. schlüpft es in die Rolle eines Tieres, das gestreichelt werden will. Dem Jungen gelingt es nach wie vor nicht, den Körperkontakt der Pflegeeltern anzunehmen bzw. zu genießen. Nähe ruft bei ihm Angstgefühle hervor. Die Pflegemutter spürt, dass er jeglichen Körperkontakt ablehnt, denn es ist bereits eine Besonderheit, wenn er sich nach dem Baden von ihr abtrocknen lässt. Auf Berührungen von anderen Personen reagiert er mit Erstarrung und Zittern.
- Suche nach Aufmerksamkeit – Geltungsbedürfnis: In diesen Zusammenhang tauchten vermehrt Problematiken im schulischen Kontext auf, weil das übersteigerte Geltungsbedürfnis von Kindern während des Unterrichtes nicht tragbar ist. Die Kinder haben inzwischen gelernt aufzuzeigen, wenn sie etwas sagen wollen und die Tatsache akzeptiert, dass sie nicht ständig im Mittelpunkt stehen können.
- Stressabbau und Autoaggression: Eines der Kinder richtet seine Aggressionen gegen sich selbst. Der Experte äußert sich zu diesem Thema wie folgt: „An Verhaltensauffälligkeiten sind Bewegungsstereotypien mit Anzeichen auf Autoaggressionen aufgefallen. Er hat extrem gewippt und sich dabei den Kopf angeschlagen, was ihn ruhiger machte." Auch heute noch schlägt sich der Junge ab und zu selbst, vor allem wenn er überfordert ist. Es gelingt ihm jedoch vermehrt, andere Wege der Beruhigung zu suchen. So zum Beispiel erklärt die Pflegemutter, dass er in Situationen der Überforderung wegrennt, ins Freie geht, sich auf diese Art und Weise abreagiert. Sie fügt an, dass es in diesen Momenten (noch) nicht möglich ist, mit ihm darüber zu sprechen. Jedoch erkennt sie einen bemerkenswerten Fortschritt, welchen er im Bezug auf die Autoaggressionen gemacht hat.
- Gewissensbildung: Hinsichtlich der Gewissensbildung ist ein markanter Unterschied zwischen den beiden desorganisiert gebundenen Kindern erkennbar. Eine Pflegemutter gibt an, dass sich ihre Pflegetochter durch Ehrlichkeit auszeichnet und sich mehr oder weniger an die (fa-

miliären) Regeln hält. Beim zweiten Kind treten in Bezug auf das Einhalten von Regeln bedeutend mehr Komplikationen auf. Er hält sich nicht an die Vorgaben und fordert durch sein (Fehl-) Verhalten vermehrt Sanktionen heraus. Speziell die Schilderungen über die Gewissensbildung des zweiten Kindes bestätigen die theoretischen Annahmen zur Desorganisation, weil das Kind keine klare Vorstellung über „richtiges" und „falsches" Verhalten erworben hat. In diesem Zusammenhang erkennt die Pflegemutter dahingehend eine Verbesserung, dass der Junge im Nachhinein sein Fehlverhalten einsehen kann und sich entschuldigen kann. Sie merkt jedoch an, dass er in diesem Bereich noch viel Nachholbedarf hat und die Fortschritte bezüglich des Einhaltens der Regeln langsam voran gehen. Die Pflegemutter ist jedoch zuversichtlich, dass sie durch viel Kontrolle und Geduld ihrerseits erreichen kann, dass er sich an Ge- bzw. Verbote halten kann. Die zweite Pflegemutter bezeichnet ihre Pflegetochter im Vergleich zum Beginn der Fremdunterbringung als sehr folgsam und die Tochter hat kaum Probleme sich an die vorgegebenen Regeln und Strukturen zu halten.

Diese knappe Auflistung bietet den Auszug einer breiten Palette an Entwicklungsveränderungen bzw. an Merkmalen, die seitens der Interviewten auf eine Reorganisation des Bindungsverhalten der fremduntergebrachten Kindern hinweisen. Insgesamt gesehen lassen sich laut Aussagen der Interviewten durchaus wesentliche Fortschritte bei der kindlichen Entwicklung im Rahmen der Pflegefamilie erkennen.

Gegebenheiten der Pflegefamilie für kindliche Entwicklungsfortschritte

Damit ein desorganisiert gebundenes Kind sein erworbenes Bindungsmuster reorganisieren kann, also um die oben genannten Fortschritte der Pflegekinder zu erreichen, weist die Erziehung der Pflegeeltern laut Aussagen der Expertinnen und des Experten einige zentrale Merkmale vor. Die Pflegefamilie:

- besitzt Stärken und Ressourcen wie eine positive Einstellung gegenüber Menschen, Beständigkeit und Toleranz,
- bietet ein konstantes Bindungsangebot wie Kontinuität in der Beziehung, damit eine Vertrauensbildung möglich wird,
- akzeptiert das Pflegekind,
- setzt einen feinfühligen Erziehungsstil um,

- setzt dem Kind klare Grenzen,
- ermöglicht Besuchskontakte zur Herkunftsfamilie, um Auseinandersetzung mit der Vergangenheit zu ermöglichen,
- schränkt das übersteigerte Geltungsbedürfnisses des Kindes dadurch ein, dass es ihm ermöglicht, sich Rechte, Pflichten und Rollen anzueignen
- und geht mit möglichen Rückfällen tolerant um.

Resümee

Alle drei Interviewten bewerten die zukünftige kindliche Entwicklung der beiden Fallbeispiele positiv, vor allem deswegen, weil sie in den letzten Jahren der Fremdunterbringung zahlreiche Fortschritte erkennen konnten. Die Befragten teilen die Meinung, dass unter bestimmten Voraussetzungen eine desorganisierte Bindung wieder organisiert werden kann. Dieser Prozess ist jedoch langwierig, er erfordert viel Geduld, und Rückfälle sind nicht ausgeschlossen. Natürlich ist das Bindungsverhalten der befragten Kinder (noch) nicht zur Gänze organisiert. Nichts desto Trotz sind die Probanden zuversichtlich, dass die Kinder zu einem späteren Zeitpunkt ihres Lebens „gesunde" Beziehungen zu anderen Menschen eingehen können, wenn sie dahingehend weiter gefördert und professionell begleitet werden.

Aufgrund der Ausführungen im theoretischen Teil und der einzelnen Aussagen der Interviews ist der Schluss zulässig, dass durchaus die Möglichkeit besteht, kindliches desorganisiertes Bindungsverhalten zu organisieren. Den Pflegeeltern wird in diesem Heilungsprozess eine wesentliche Funktion zugeschrieben. Ihre Aufgabe liegt vor allem darin, herauszufinden, was das jeweilige Pflegekind im Speziellen braucht. Neben den Pflegeeltern spielt der Pflegekinderdienst in der Reorganisation des Bindungsverhaltens eine wesentliche Rolle. Unter der Voraussetzung der richtigen Auswahl der Pflegeeltern, der adäquaten Vorbereitung auf die Pflegschaft, und natürlich auch durch eine angemessene Unterstützung und Begleitung der Eltern, wird die Integration des Kindes in die neue Umgebung erst ermöglicht. Werden alle diese Voraussetzungen bestmöglich erfüllt, kann desorganisiertes Bindungsverhalten geheilt werden.

Literatur

Bowlby, John (^{3}1982): Mutterliebe und kindliche Entwicklung. München/Basel: Ernst Reinhardt

Brisch, Karl Heinz; Grossmann, Klaus; Grossmann, Karin & Köhler, Lotte (2002): Bindung und seelische Entwicklungswege. Grundlagen, Prävention und klinische Praxis. Stuttgart: Klett-Cotta

Hüther, Gerald (2004): Die Folgen traumatischer Kindheitserfahrungen für die weitere Hirnentwicklung. http://www.agsp.de. Download: 06.03.2007

Mayer, Horst O. (^{2}2004): Interview und schriftliche Befragung. Entwicklung, Durchführung und Auswertung. München: Oldenbourg

Perry, Bruce (1999): Bonding und Attachment bei mißhandelten Kindern. Folgen von emotionaler Vernachlässigung in der Kindheit. URL: http://agsp.de/UB_Veroffentlichungen/Aufsatze/Aufsatz_9/Aufsatz_9D/hauptteil_aufsatz_9_d.html. Download: 26.03.2007

Scheurer-Englisch, Hermann (1997): Pflegefamilien – eine Chance für Kinder und Jugendliche. 1. Pflegeelternkonferenz in Jena

Wiemann, Irmela (2001 und Ergänzung 2002): Zusammenleben mit seelisch verletzten Kindern. Seminarunterlagen

Zweyer, Karen (2006): Bindung im Kindergartenalter. Das Online Familienhandbuch. www.familienhandbuch.de. Download: 08.02.2007

Das verlorene Selbst - Doppeldiagnosen und Komorbidität

Andrea Jakes

Psychische Störungen und süchtige Abhängigkeitsverhältnisse nehmen in unserer Gesellschaft zu.

"Sucht besteht, wenn ein Mensch regelmäßig sein Körpergefühl manipulativ verändert, um als unerträglich empfundene emotionale Spannungen nicht wahrnehmen zu müssen. Er benutzt dazu Gegenstände geeigneter Eigenwirkung. Diese Art der Selbstmanipulation ist lebensgeschichtlich erworben. Die unerträglichen Spannungen sind im Zusammenhang innerer oder äußerer Notlagen entstanden und können nicht willkürlich beherrscht werden (…) Sucht (ist) eine Reaktion auf Not oder Leiden (…) eine Reaktion auf etwas, was man nicht aushält." (Kuntz 2005: 97).

Menschen mit einer psychischen oder Verhaltensstörung gelten schnell als „krank", ihr Verhalten wird schlicht als abnormal und unangepasst klassifiziert und als gestört abgelehnt, oder sie werden mit mitleidigen Blicken als „eigentlich arm" geschont und als wenig leistungs- und funktionsfähig vernachlässigt. Süchtige Menschen erhalten oft das Stigma, selber an ihrem Schicksal schuld zu sein und werden moralisch aufgefordert, ihre süchtigen Handlungen einzustellen: „Wenn du wirklich wolltest, würdest du mit dem Trinken aufhören."

Alltagstheorien, Stereotypisierungen und Vorurteile tragen jedoch ihren Teil dazu bei, dass Menschen mit Persönlichkeitsstörungen wie auch süchtige Menschen selten nach individuellen Auslösern und Beweggründen für ihre Verhaltensweisen gefragt werden. Doch ist es nicht voreilig, Urteile über Verhaltens- und Handlungsweisen zu treffen ohne individuelle Beweggründe zu kennen? Wer kann wirklich zwischen „gesund" und „krank", „normal" und „abnormal", „angepasst" und „abweichend" differenzieren, ohne die hierfür nötigen Informationen über die individuelle Biografie und Sozialisationsgeschichte eines Menschen zu kennen?

"Die spezifischen Persönlichkeitsstörungen (umfassen) (...) tief verwurzelte, anhaltende Verhaltensmuster (...), die sich in starren Reaktionen auf unterschiedliche persönliche und soziale Lebenslagen zeigen. Dabei findet man gegenüber der Mehrheit der Bevölkerung deutliche Abweichungen im Wahrnehmen, Denken, Fühlen und in Beziehungen zu anderen. Solche Verhaltensmuster sind zumeist stabil und beziehen sich auf vielfältige Bereiche von Verhalten und psychischen Funktionen. Häufig gehen sie mit persönlichem Leiden und gestörter Funktionsfähigkeit einher." (Dilling et al., zitiert in Fiedler 2001: 38).

Eine wesentliche Fragestellung der Arbeit besteht darin zu untersuchen, warum und unter welchen Verhältnissen manche Menschen ein pathogenes Coping-Verhalten (d.h. eine Persönlichkeitsstörung und in weiterer Folge süchtige Abhängigkeitsverhältnisse) entwickeln. Salutogentisches Coping wirkt gesundheitsfördernd (vgl. Kernberg u.a. 2005: 70 ff), während pathogenes Coping zwar subjektiv als gesundheitsförderliche Strategie erlebt wird, dies aber aus fachlicher Sicht nicht zu bestätigen ist.

Des Weiteren trägt die Arbeit Fachwissen und aktuelle Entstehungs- und Komorbiditätshypothesen („Erklären und Begründen") zusammen und erschließt daraus mögliche Konsequenzen für die Praxis (Behandeln, Begleiten, „Heilen"). Darüber hinaus zielt sie darauf ab, anhand eines biografischen Zugangs die komorbide Ausbildung von Persönlichkeitsstörungen und süchtigen, autodestruktiv wirkenden Verhaltensweisen als subjektive Coping-Strategien zu definieren. Insgesamt ist die Arbeit im Sinn qualitativer Sozialforschung auf hermeneutisches „Verstehen" dieses psychosozialen Phänomens ausgerichtet.

Erkenntnisleitendes Interesse

Die Arbeit diskutiert komorbides Auftreten von Persönlichkeitsstörungen und Sucht bzw. Abhängigkeit, also Doppeldiagnosen, als Zeichen einer selbstfürsorglichen aber letztlich autodestruktiv wirkenden Coping-Strategie.

"Der Begriff der Doppeldiagnose bezeichnet das gemeinsame Auftreten eines Missbrauchs oder einer Abhängigkeit von einer oder mehreren psychotropen Substanzen mit mindestens einer anderen psychischen Störung bei einem Patienten (...) Der Begriff der DD beinhaltet vielfältige Kombinationen aus beiden Störungsklassen (Substanz- und psychische Störung) bzw. Symptomen beider Störungsklassen. Der Begriff macht weder eine Aussage über den Schweregrad der beiden Störungen noch über den Schweregrad der DD." (Moggi u. a. 2004: 3f).

Damit versucht sie, „gestörtes" Verhalten und daraus entstehende Handlungen zu verstehen und den dahinter stehenden subjektiven Sinn zu begreifen. Es ergibt sich die Frage, ob es eine subjektive „Notwendigkeit" für autodestruktive Coping-Strategien gibt, und wie darauf im professionellen Helferprozess sinnvoll und zielführend eingegangen werden kann. Folgende konkrete Fragestellungen wurden behandelt:

- Wie ist „Persönlichkeitsstörung" im DSM IV [1] und ICD 10 [2] definiert, und welche Unterschiede und Parallelen gibt es? Was wird als Missbrauch, Sucht und Abhängigkeit bezeichnet, und wie werden diese Begriffe voneinander abgegrenzt?
- Welche Verbindungen gibt es zwischen Persönlichkeitsstörungen und Abhängigkeitsverhältnissen, und welche Wechselwirkungen sind dabei im Rahmen einer Doppeldiagnose zu beobachten?
- Welchen individuellen „Sinn" haben autodestruktiv wirkende Handlungen und Verhaltensweisen? Was wird damit von den Betroffenen zu bewältigen versucht, und wie zielführend und sinnvoll sind diese Coping-Strategien aus subjektiver und fachlicher Sicht?
- Welche Entstehungstheorien für Persönlichkeitsstörungen beherrschen derzeit den wissenschaftlichen Diskurs?
- Welche Motivation führt zu süchtiger Abhängigkeit und Autoaggression als Coping-Strategien? Was wird damit vom Betroffenen selbst zu bewältigen versucht, und welche Rolle spielt dabei die eigene Biografie und Sozialisationsgeschichte?
- Letztlich wurde danach gefragt, wie sich Betroffene wahrnehmen und eigene Handlungen bzw. Verhaltensweisen einschätzen.
- Abschließend behandelt die Arbeit die Umsetzung der Theorie in die Praxis und beschäftigt sich damit, wie das soziale Umfeld und das Helfersystem auf Störungsbilder reagieren können, um Betroffenen möglichst gezielt dabei zu unterstützen, ihre individuell entwickelten, kontraproduktiven Bewältigungsstrategien aufzulösen.

Doppeldiagnosen und Komorbidität

Das aktuelle Forschungsinteresse bezüglich Doppeldiagnosen richtet sich im Wesentlichen auf die Komorbidität von Substanzmittelabhängigkeiten mit Angststörungen und depressiven Störungen, psychischen Störungen (v.a.

---

[1] DSM IV (erschienen 1994): Diagnostic and Statistical Manual of Mental Disorders. APA (American Psychiatric Association).
[2] ICD 10 (erschienen 1991): International Classification of Disease, Injuries and Causes of Death. WHO (Weltgesundheitsorganisation).

antisoziale Persönlichkeitsstörung und Borderline-Persönlichkeitsstörung) und schweren psychischen/psychotischen Störungen (v.a. Schizophrenie und bipolare Störungen) sowie mit der Posttraumatischen Belastungsstörung.

Dem eher neueren Phänomen der Doppeldiagnostik stehen mittlerweile zwar einige theoretische Überlegungen aber wenige empirische Untersuchungen gegenüber. Einige der Entstehungs- und Erklärungsmodelle scheinen plausibel, können aber aufgrund bisher ausstehender Forschung noch nicht ausreichend empirisch gestützt werden. Weiterhin bleibt noch die Frage offen, auf welcher konkreten theoretischen Basis eine Doppeldiagnose zu erstellen ist. Das heißt: Ist die Persönlichkeitsstörung als primäres Krankheitsbild mit einer Substanzabhängigkeit als sekundäres Störungsbild zu sehen? Führt der längerfristige Konsum von (illegalen sowie legalen) psychoaktiven Substanzen zur Ausbildung einer sekundären substanzmittelinduzierten Persönlichkeitsstörung? Sind die beiden Störungsbilder als eine Störung mit gleichen Risikofaktoren anzusehen und zu behandeln, oder sollten beide als parallel und sich wechselseitig bedingende eigenständige Krankheitsbilder angesehen werden? Diese Fragestellungen sind, wie gesagt, momentan kaum zu beantworten, da wissenschaftliche Befunde noch zu vage erscheinen, um eine konkrete und relativ verlässliche Antwort geben zu können.

Die relative Einigkeit von DSM IV und ICD 10 bei der Kriterienaufzählung für die Verwendung des Begriffs der (substanzgebundenen) Abhängigkeit erleichtert zwar den einheitlichen Blick auf abhängige Menschen. Doch legen beide Diagnoseinstrumente den Fokus im Großen und Ganzen nur auf stoffgebundene Abhängigkeitsverhältnisse und lassen die mittlerweile größtenteils anerkannten stoffungebundenen Süchte, wie z.B. Essstörungen, sowie allgemein süchtige, autodestruktiv wirkende, Verhaltensweisen zumeist völlig außer acht. Beide Kriterienkataloge greifen demnach für das vorliegende Erkenntnisinteresse zu kurz.

Vor allem durch die Problematik der Kriterienüberlappung können bisher nur wenige eindeutige Diagnosen über Persönlichkeitsstörungen im Zusammenhang mit spezifischen Komorbiditäten getätigt werden. Fraglich bleibt noch, aufgrund welcher psychosozialen Dimensionen Persönlichkeitsstörung und Komorbidität diagnostiziert werden können (vgl. Fiedler 2001: 371 ff): Liegt eine Persönlichkeitsstörung aufgrund einer echten Komorbidität bei Dominanz eines spezifischen Störungsbildes vor? Überlappen sich die Kriterien von Persönlichkeitsstörung und Komorbidität aufgrund gleicher oder ähnlicher Kriterienmerkmale? Oder liegen für beide bestimmte prädisponierende Persönlichkeitsmerkmale oder gemeinsame Risikofaktoren vor?

Der wissenschaftliche Diskurs über das spezifische Wechselspiel der unterschiedlichen Störungsbilder, von Persönlichkeitsstörungen untereinander wie auch von Persönlichkeitsstörungen in Verbindung mit süchtigem Verhalten, ist bei weitem noch nicht abgeschlossen. Aufgrund fehlender empirischer Untersuchungen sowie durch die uneinheitliche Anwendung von teilweise noch nicht ausreichend evaluierten diagnostischen Erhebungsverfahren können weitestgehend nur Hypothesen über Komorbiditäten bzw. Doppeldiagnosen erstellt werden. Bestehende Hypothesen über das Ausmaß einer Komorbidität, bzw. über die Differenzierung in ein primäres und sekundäres Krankheitsbild, bzw. über die ganzheitliche Zusammenfassung zweier Störungsbilder zu einer Störung (Entitätshypothese), zeigen deutlich, dass der bisherige Wissens- und Forschungsstand nicht gesichert ist. Dementsprechend fehlen derzeit auch adäquate Behandlungsstrategien in Fällen von Komorbidität.

Analytisches Vorgehen

Das Phänomen Doppeldiagnostik wird seit Ende der achtziger Jahre wissenschaftlich untersucht. Da bei der Erstellung von Doppeldiagnosen derzeit vorwiegend Hypothesen in Bezug auf mögliche Entstehungskomponenten und das spezifische Zusammenspiel einzelner diagnostizierbarer Störungsbilder sowie daraus ableitbarer verschiedenartiger (Be)Handlungsstrategien vorliegen, befasste sich diese Arbeit zunächst mit einer ausführlichen Literaturrecherche.

Hierfür wurden gängige Werke zu den Themen Doppeldiagnose, Persönlichkeitsstörung (beispielhaft herausgegriffen wurden die Borderline-, die narzistische und histrionische Persönlichkeitsstörung sowie dissoziative Störungsformen), Sucht bzw. Abhängigkeit und Autoaggression rezipiert. Des weiteren wurden Essstörungen als potentielle stoffungebundene Abhängigkeitsverhältnisse,[3] Zwangsstörungen als mögliche Verbindung zu süchtigem Verhalten und verschiedenartig eingesetzte Abwehrstrategien[4] näher betrachtet und die Kategorien von DSM IV und ICD 10 zu den unterschiedlichen Störungsbildern miteinander verglichen. Abschließend wurden zusätzliche, als wesentlich erachtete, Aspekte hinzugefügt wie etwa das Phänomen des psychischen Masochismus, und die Ergebnisse aus eigener Sicht bewertet. Unter psychischem Masochismus ist eine neurotische Störung zu verstehen die sich in ständigen Belastungen, Unfähigkeit zur Entspannung, gehäuftem Unglück und einer aufopfernden Grundhaltung zeigt. Die Kombination einer unbewussten

---

[3] Denn „ihre verleugnenden und rationalen Einlassungen sind die von strukturell Süchtigen" (Hochapfel u.a. 2004: 359).
[4] Neurotische Abwehrmechanismen haben wesentlichen Einfluss auf die Persönlichkeitsentwicklung bzw. auf das Auftreten einer neurotischen Persönlichkeitsstruktur, denn „Abwehrmechanismen stehen in engem Zusammenhang zu Persönlichkeitsstörungen" (Kernberg u. a. 2005: 70).

Grundeinstellung mit unbewussten Schuldgefühlen bewirkt, dass autoaggressive Handlungen das negative Befinden immer wieder hervorrufen. (vgl. Hochapfel u.a. 2004: 141 ff)

Im empirischen Teil wurde die Problematik aus subjektiver Sicht mittels selbstreflexiv-biografischer Texte einer ehemals persönlich Betroffenen analysiert. Durch das Einbringen der subjektiven Perspektive war es möglich, den subjektiven Sinn von süchtig eingesetzten und autodestruktiv wirkenden Coping-Strategien zu erkunden und dessen Sinnhaftigkeit zu begreifen und zu hinterfragen. Außerdem konnte diese Perspektive mit dem theoretischen Fachwissen kontrastiert werden.

Zentrale Ergebnisse und Schlussfolgerungen

Die Analyse von Literatur und Diagnostiken zeigte, dass die beiden Diagnoseinstrumente DSM IV und ICD 10 bei den diagnostizierbaren spezifischen Persönlichkeitsstörungen variieren. Der Begriff „Doppeldiagnose" wird dabei weder im DSM IV noch im ICD 10 ausdrücklich erwähnt. Auch ist Substanzmissbrauch in beiden Katalogen sehr unterschiedlich definiert, der Begriff der Substanzmittelabhängigkeit wird hingegen fast identisch beschrieben. Stoffungebundene Abhängigkeiten sind in beiden Klassifikationen nicht direkt mit süchtigem, autodestruktivem Verhalten in Beziehung gesetzt. Ebenso werden süchtig eingesetzte, autodestruktiv wirkende, passive Coping-Strategien weder in den Diagnose-Katalogen noch in den wissenschaftlichen Diskursen explizit erwähnt.

Bei der Diagnoseerstellung gilt zu beachten, dass komorbide Persönlichkeitsstörungen aufgrund ungenauer Abgrenzung von spezifischen Diagnosekriterien gemeinsam festgestellt werden können. Die Kriterienüberlappung führt dazu, dass einige Störungsbilder mit gleichen oder ähnlichen Symptomen definiert sind. Das betrifft zum Beispiel die narzistische und die histrionische Persönlichkeitsstörung (Ausnützen zwischenmenschlicher Beziehungen) sowie die narzistische und die borderline Persönlichkeitsstörung (Selbstwertproblematik).

Dieser Umstand erschwert nicht nur die exakte Diagnostik einer spezifischen Persönlichkeitsstörung, sondern nimmt auch Einfluss auf die vermutete Komorbidität. Es erscheint notwendig, valide und unterscheidbare Kriterien zu präzisieren, weil ansonsten Diagnosen spezifischer Störungsbilder uneinheitlich erstellt und spezifische Therapie- und Behandlungsformen kaum evidenzbasiert darauf aufgebaut werden können.

Das Phänomen des psychischen Masochismus wird in beiden Diagnose-Katalogen nicht als diagnostizierbares eigenständiges Störungsbild oder generell als Kriterium einer Störung erwähnt. Aufgrund der Erkenntnisse aus den biografischen Texten zu den subjektiven Krankheitsbedingungen scheint es m.E. aber notwendig, dieses subjektive Empfinden tiefergehend empirisch zu erkunden und anschließend mit valider Indikation in die Diagnose-Kataloge aufzunehmen. Die Perspektive, Suchtkrankheiten in Kombination mit Zwangsstörungen als autodestruktiv wirkende Coping-Strategien zu interpretieren, brachte nachstehende Erkenntnisse. Diese können als weiterführende Hypothesen zum Gegenstandsbereich angesehen werden:

- Diverse Persönlichkeitsstörungen und süchtiges Verhalten haben längerfristig immer einen (bewusst oder unbewusst wahrgenommenen) autodestruktiven Charakter und sind als autoaggressives Verhalten anzusehen.
- Beide Phänomene können auffällig oft auf ähnliche Entstehungsfaktoren zurückgeführt werden, was die Wahrscheinlichkeit eines komorbiden Auftretens im Rahmen einer Doppeldiagnose wesentlich erhöht.
- Ebenso können beide Phänomene als Versuch einer pathogenen Coping-Strategie mit jeweils unterschiedlichen Bewältigungsmechanismen und, damit einhergehend, verschiedenen (teilweise aber auch ähnlichen oder sogar gleichen) pathogenen Symptombildungen interpretiert werden.
- Beide Phänomene dienen aus subjektiver Sicht im Wesentlichen der Selbsterhaltung, auch wenn sie letztlich längerfristig massiv selbstzerstörerisch wirken.
- Süchtig eingesetzte Coping-Strategien sind durch kurzfristigen Erfolg gekennzeichnet, ziehen aber negative Konsequenzen nach sich. Sie beheben nicht die Grundproblematik, sondern komplizieren oft eine grundlegende Persönlichkeitsstörung. Denn beide Störungsbilder sind in Kombination komplex wirksam und rufen zusätzliche pathogene Symptome hervor. Letztere wiederum verursachen längerfristigen, vermehrten und verstärkten subjektiven Leidensdruck.

Generell betrachtet, stellen Coping-Strategien Versuche dar, um persönlich belastende, subjektiv wahrgenommene, nicht aushalt- und handhabbare sowie schmerzvolle und traurige Erlebnisse usw. zu bewältigen und eine gewisse Lebensqualität zu ermöglichen oder zu erhalten. Bewältigungsstrategien müssen aber keinen objektiv überprüfbaren Nutzen bringen oder sinnvoll erscheinen, da sie aus einer individuell erlebten Notsituation oder in Krisen eingesetzt werden, um subjektives Leid zu verhindern, zu vermeiden oder abzumildern. Mit allen süchtigen und autodestruktiv wirkenden Coping-Strategien wird versucht, innere Konflikte und Krisen zu überwinden und erlebte Defizite, Frustrationen, Traumen und Vernachlässigungen zu verarbeiten. Erklärungstheorien lassen vermuten, dass hinter autodestruktiven Coping-Strategien sowohl selbstfürsorgliche als auch selbstbestrafende Motive stehen. Dabei können selbstbestrafende Handlungen wiederum als selbstfürsorgliche Abwehr von Schlimmerem interpretiert werden.

„Selbstverletzung ist die zentrale, meist die einzige Möglichkeit der Selbstfürsorge (...), denn (...) wie bei der Perversion sind Selbstfürsorge und Selbstbeschädigung kaum trennbar und ineinander verschränkt." (Sachse 2002: 50; 57.).

Allerdings vollzieht sich mit pathogenem Coping ein Teufelskreis. Individuell erprobte Coping-Strategien werden zunächst eingesetzt, um sich zu schützen, tragen aber selbst zu erneutem subjektivem Leid bei und verschärfen letztlich die Grundproblematik. Somit wirkt diese Form der Bewältigungsstrategie kurzfristig positiv, da sie als Abwehrhaltung eingesetzt wird, um subjektiv belastende Ereignisse abzuwehren. Sie wirkt aber längerfristig in zweifacher Weise gleichzeitig doppelt autodestruktiv. Denn sie zieht nicht nur neuerliches und verstärktes Leid nach sich, sondern lässt die Grundproblematik, das primäre Störungsbild der Persönlichkeitsstörung, manifest bestehen.

Literatur

Fiedler, Peter (^{5}2001): Persönlichkeitsstörungen. Weinheim: Beltz (Psychologie Verlags Union)
Hochapfel, Gerd u.a. (Hrsg.) (^{7}2004): Neurotische Störungen und Psychosomatische Medizin. Mit einer Einführung in Psychodiagnostik und Psychotherapie. Stuttgart: Schattauer
Kernberg, Paulina F.; Weiner, Alan & Bardenstein, Karen (^{2}2005): Persönlichkeitsstörungen bei Kindern und Jugendlichen. Stuttgart: Klett-Cotta
Kuntz, Helmut (^{3}2005): Der rote Faden in der Sucht. Neue Ansätze in Theorie und Praxis. Weinheim, Basel: Beltz
Moggi, Franz & Donati, Ruth (2004): Psychische Störungen und Sucht: Doppeldiagnosen. Hrsg. von Dietmar Schulte u.a. Göttingen u.a.: Hogrefe
Sachse, Ulrich (^{6}2002): Selbstverletzendes Verhalten. Psychodynamik - Psychotherapie. Das Trauma, die Dissoziation und ihre Behandlung. Göttingen: Vandenhoeck & Ruprecht

Arbeitsuchende Jugendliche in Vorarlberg

Siegfried Kaspar

Seit den 1970er Jahren hat sich in Österreich ein tief greifender Strukturwandel der Berufe und Erwerbsverhältnisse vollzogen. Wo noch in den 1950ern ein klarer Übergang der einzelnen Lebensphasen ersichtlich war, wird heute von „Verschiebungen, Überlappungen, Verfrühungen und Verzögerungen unterschiedlicher Art" gesprochen (Tillmann 1997: 267). In der wissenschaftlichen, aber auch in der öffentlichen Diskussion wird das Thema Arbeitslosigkeit im Allgemeinen und Jugendarbeitslosigkeit im Besonderen, als eine der zentralen gesellschaftlichen Herausforderungen wahrgenommen. Einerseits herrscht ein unzureichendes Angebot an Ausbildungs- und Beschäftigungsstellen für Jugendliche, andererseits stimmen Qualifikationsanforderungen auf der Nachfrageseite mit den schulischen und beruflichen Ausbildungsangeboten nicht überein. Durch die gestiegenen Arbeitsmarktrisiken kommt es vermehrt zu Wartezeiten und Umwegen. Der Übergang von der Schule in eine berufliche Ausbildung oder in ein Arbeitsverhältnis gestaltet sich vor dem veränderten Hintergrund immer schwieriger. Die Institutionen Familie und Schule können ihrer Funktion als vorberufliche Sozialisationsinstanz nicht mehr immer im vollen Umfang nachkommen. Für diejenigen, die den Übergang nicht reibungslos bewältigen, bedarf es arbeitsmarktpolitischer Maßnahmen, um die entstandenen Defizite der Sozialisationsbedingungen auszugleichen und sie auf ihrem Weg in eine autonome, berufliche, soziale und ökonomische Zukunft zu begleiten.

Die Diplomarbeit untersucht arbeitsuchende Jugendliche aus Vorarlberg, die in den beiden arbeitsmarktpolitischen Maßnahmen „Brücke zur Arbeit" und „Job House" berufsvorbereitende aber auch sozialisierende und persönlichkeitsbildende Erfahrungen machen. Anhand einer empirischen Untersuchung wurden verschiedene Merkmale dieser Jugendlichen untersucht und ausgewertet. Der daraus resultierende Unterstützungsbedarf wurde mit den vorhandenen Maßnahmenkonzepten und der aktuellen Literatur verglichen.

Theoretischer Hintergrund

Aufgaben im Jugendalter: In der Arbeit wird ein zeitlich dynamischer, qualitativer Jugendbegriff zugrunde gelegt. Demnach gilt die Jugendphase dann als abgeschlossen, wenn Jugendliche in verschiedenen Handlungsbereichen weitgehend autonom agieren können (vgl. Mansel & Hurrelmann 1991: 11). Jugendliche stehen heutzutage vor verschiedenen anspruchsvollen Herausforderungen. Sie müssen ihre psycho-physische Disposition (Gefühle, Motive, Denkweisen und Reaktionsmuster) in einem Zeitraum rasch anpassen, der ihnen die Aufgabe der sozialen Integration und soziokulturellen Anpassung abverlangt. Zusätzlich müssen sie sich auf einem stark konkurrenzierten Bildungs- und Arbeitsmarkt ökonomisch qualifizieren (vgl. Hurrelmann 2007: 68).

Berufliche Sozialisation in der Familie: Mit welchen Voraussetzungen Jugendliche in arbeitsmarktpolitische Maßnahmen kommen, wird zu einem großen Teil durch die Sozialisationsinstanz Familie beeinflusst. Sie ist die soziale, emotionale und materielle Basis für die individuelle Entwicklung. Sie ist Ort der Verbundenheit, Vertrautheit und Gewissheit, und sie vermittelt zwischen individuellem Handlungsrepertoire und gesellschaftlicher Handlungsnotwendigkeit (vgl. Geßner 2003: 59). Veränderungen im Familiensystem durch Ereignisse wie Scheidung der Eltern, elterliche Erwerbslosigkeit, Alkoholmissbrauch oder angespannte finanzielle Verhältnisse haben nicht nur direkten Einfluss auf die Lebensumstände der Beteiligten, sondern verändern auf Dauer gesehen auch die Sozialisation der Kinder. Kann auf diese Ereignisse nicht in angemessener Form reagiert werden, geht unter Umständen die Familie als Lernfeld der Kommunikation und Interaktion für die Betroffenen verloren (vgl. Quante-Brandt 1997: 71).

Die Berufswahl sollte idealerweise von Eignungs- und Neigungsvoraussetzungen geleitet sein. In einem erheblichen Ausmaß wird sie allerdings durch gesellschaftliche und soziale Determinanten bestimmt. Die Familie hat hierbei einen direkten, aber auch indirekten, Einfluss auf die Jugendlichen. So werden Bilder von Beruf und Karriere durch die Sozialisation in der Familie beeinflusst und durch Motivation oder Verbote von Berufen durch die Eltern direkt bestimmt. Derartige Berufsvorstellungen bilden somit den Rahmen für die Ansprüche, die an einen Beruf gestellt werden (vgl. Heinz 2005: 327).

Berufliche Sozialisation in der Schule: Infolge der steigenden Bedeutung von allgemeinen Bildungsqualifikationen kommt der Schule heute eine besondere Sozialisationsfunktion zu. Der erreichte Schulabschluss und seine Qualität bilden eine Vorentscheidung bei der Berufswahl (vgl. Neumann 1999: 38). Die Schule nimmt über die reine Wissensvermittlung verschiedene Aufgaben wahr, beispielsweise die Einführung in soziale Integrationsprozesse, die damit verbundene Vermittlung geltender Normen und Werte, die Förderung der Anpassungsbereitschaft innerhalb von gesellschaftlichen Prozessen sowie die frühzeitige Leistungsselektion welche die arbeitsweltbezogene Orientierung beeinflussen (vgl. Fend 1988: 133). Neben diesen Aufgaben kommt ihr auch eine erhebliche erzieherische Funktion zu, im Speziellen, weil heute aus ökonomischen und anderen Gründen oft beide Elternteile einen Beruf ausüben.

Probleme des Übergangs in die Berufswelt: Der Eintritt in die Berufsausbildung und Erwerbstätigkeit bedeutet für Jugendliche mehr, als nur einen Beruf zu erlernen bzw. ihn auszuüben und damit seinen materiellen Lebensunterhalt zu sichern. Berufsausbildung und Arbeit haben im Prozess der Identitätsfindung, der Lebensplanung sowie der emotionalen und ökonomischen Ablösung vom Elternhaus eine wichtige Funktion. Beim Übergang von der Schule in ein dauerhaftes Beschäftigungs- und Arbeitsverhältnis handelt es sich um zwei Schwellen, die für eine erfolgreiche, berufliche Sozialisierung zu überwinden sind. Diese Art des Übergangs wird in der Literatur auch als „Normalbiographie" definiert. Als erste Schwelle wird von Raab (1996: 11) der Übergang von der allgemeinbildenden Schule in eine Berufsausbildung bezeichnet. Die zweite Schwelle ist der Übergang von der Ausbildung in das Berufs- bzw. Erwerbsleben, mit dem Ziel einer fixen Arbeitsanstellung oder eines Dienstverhältnisses. Diese beiden Schwellen können aus biografischen, sozialen oder gesellschaftlichen Gründen nicht von allen Jugendlichen sofort und ohne Umwege genommen werden, wodurch es zu Brüchen in der Berufsbiographie kommt.

Insgesamt sind von Arbeitslosigkeit nach der Schule besonders Absolventinnen und Absolventen von Sonderschulen betroffen und Jugendliche mit negativem Schulerfolg bzw. ohne Hauptschulabschluss. Weiterhin gehören Jugendliche mit abgebrochener Lehre, junge Frauen und Personen mit Migrationshintergrund zu den prekären Zielgruppen, obwohl besonders bei den beiden letztgenannten Gruppen mit einem hohen Maß an Anpassungsbereitschaft an die Arbeitsbedingungen gerechnet werden kann (vgl. Hurrelmann 2004: 91).

Die aqua mühle frastanz – soziale dienste gem.GmbH

Die in dieser Arbeit thematisierte arbeitmarkpolitische Maßnahme wird vom Arbeitsmarktservice (AMS) finanziert und vom Bildungsträger aqua mühle frastanz umgesetzt. Das zentrale Ziel des AMS ist es, die von der Bundesregierung angestrebte Vollbeschäftigung umzusetzen. Die „aqua mühle frastanz – soziale dienste gem.GmbH" (kurz: aqua mühle) ist ein Unternehmen, das Kurse im Bereich der Jugendqualifizierung anbietet. In Kooperation mit dem Bildungsträger Ibis Acam ist sie für die Organisation und Durchführung der arbeitsmarktpolitischen Maßnahmen „Brücke zur Arbeit" und „Job House" verantwortlich, einem Angebot für Jugendliche zwischen 17 und 25 Jahren.

Als wichtigste Basis für eine wirkungsvolle, pädagogische Intervention sieht die aqua mühle eine tragfähige und konstante Beziehung zwischen Trainerinnen, Trainern und Jugendlichen, denn

> „nur wer sich als Person angenommen fühlt, ist in der Lage, Rückmeldungen im positiven und negativen Sinn zu seinem Verhalten anzunehmen und daraus veränderte Handlungsweisen abzuleiten." (aqua mühle 2007a: 6)

Das Konzept baut auf der Eigenverantwortung der Jugendlichen für ihr Tun und Lernen auf. Dabei wird in kontrolliertem Maße Verantwortung an die Gruppe und den Einzelnen übertragen, Ziele werden definiert und als zeitlich nachvollziehbare Meilensteine festgelegt. Diese Erfahrungen des eigenen Handelns wirken sich positiv auf die Entwicklung von Selbstvertrauen, Selbständigkeit, und Eigeninitiative aus. Durch die Arbeit in und mit der Gruppe können vielfältige Erfahrungen des zwischenmenschlichen Lebens reflektiert und bearbeitet werden. Die Gruppe wird damit zum Erfahrungsraum für die eigenen Handlungskompetenzen. Ein übergeordnetes Ziel ist es, den Zielgruppen nicht nur Inhalte zu vermitteln, sondern Lernformen und Handlungsweisen spürbar und sichtbar zu machen, um diese zu hinterfragen und, wenn nötig, zu ändern. Durch geeignete Inputs wird der Erfahrungsschatz der Jugendlichen erweitert, um konstruktives, zielorientiertes Handeln erst möglich zu machen (vgl. aqua mühle 2007b: 6-9). Somit ist die Maßnahme nicht nur ein formales Qualifizierungsangebot, sondern immer auch Ort und Möglichkeit verpasste Sekundärsozialisation nachzuholen und berufliche Sozialisation zu erfahren.

Qualitative Dokumentenanalyse von Anamnesebögen

Die drei zentralen Forschungsfragen der Arbeit lauten:

1. Welche Merkmale weisen jugendliche Arbeitssuchende auf, die an den arbeitsmarktpolitischen Maßnahmen „Brücke zur Arbeit" und „Job House" teilnehmen?
2. Welcher Unterstützungsbedarf ergibt sich daraus unter Berücksichtigung des „State-of-the-Art" der aktuellen Forschungsliteratur?
3. Inwieweit stimmen Unterstützungsbedarf und Angebot überein?

Als Methode zur Beantwortung der Fragen und Datenerhebung wurde die qualitative Dokumentenanalyse gewählt. Dabei konnte auf 943 Anamnesebögen der Firma aqua mühle, die am Anfang der Kurse von deren Mitarbeiterinnen und

Mitarbeitern ausgefüllt wurden, zurückgegriffen werden. Mit dem Verfahren der proportional geschichteten Stichprobe wurde die Stichprobengröße auf 46 festgelegt, was im Rahmen einer zeitlich eng begrenzten Diplomarbeit eine handhabbare Größe darstellt.

Die qualitative Datenerhebung hat den Vorteil, dass mögliche Fehlerquellen durch die Erhebungsmethode selbst weitgehend ausgeschlossen werden konnten. Dieses nonreaktives Messen verringert mögliche Fehlerquellen auf die Subjektivität des Forschers bei der Auswahl der Dokumente (Bungard & Lück 1974, zitiert nach Mayring 1999: 33). Der Nachteil besteht darin, dass die Forschungsfrage mit dem Dokument beantwortet werden muss, das Dokument aber eventuell nicht in gewünschter Weise Aufschluss gibt. Bei der Dokumentenanalyse als Erhebungstechnik muss damit gerechnet werden, dass nicht nur das Subjekt selbst, sondern auch die Person, welche das Dokument verfasste, die Qualität der Daten beeinflussen kann. Als Vorteil erweisen sich jedoch die hohe Professionalität der Personen, welche die Anamnesen ausfüllen, sowie der standardisierte Anamnese-Prozess der aqua mühle. Somit darf angenommen werden, dass der subjektive Verzerrungseffekt in gewissem Maße gemindert ist.

Um die Anamnesen zur Lösung der Forschungsfrage standardisiert auszuwerten, wurden die sozialwissenschaftlichen Methodenstandards der qualitativen Inhaltsanalyse nach Mayring (2007) verwendet. Im Anschluss daran wurden quantifizierbare Daten in das Statistikprogramm SPSS eingegeben und deskriptiv analysiert. Folgende Erkenntnisse konnten insgesamt durch die Dokumentenanalyse gewonnen werden:

Familie

Die Frage nach der Wichtigkeit und Einflussnahme der Sozialisationsinstanz Familie auf die arbeitslosen Jugendlichen wurde in der Untersuchung anhand von vier zentralen Merkmalen beantwortet. Analysiert wurden die Merkmale emotionale Hilfe/Belastung, finanzielle Hilfe/Belastung, Arbeitslosigkeit der Eltern und Scheidungshäufigkeit der Eltern. Von den untersuchten Jugendlichen wohnen 67% zu Hause bei ihrer Familie oder einem Elternteil. Zwar kann die familiäre Anbindung eine Ressource darstellen, dies gaben 20% der Jugendlichen die zuhause wohnen an. Hingegen kann die räumliche Nähe und Unterstützung der Eltern auch zu Problemen führen: 37% der zu Hause wohnenden Jugendlichen gaben an, eine emotional belastende Familiensituation zu haben. Einen möglichen Grund sieht Stuckstätten (2004: 318) in den Bemühungen der Eltern, bei der Suche nach einer Anstellung zu helfen, was jedoch von den Jugendlichen auch als Einmischung und hinderlich empfunden werden kann. Demnach reagieren Jugendliche auf die Einmischung ihrer Eltern häufig mit Abwehr. Doch anstatt sich gegen die Wünsche der Eltern durchzusetzen und sich aktiv für eigenes Ziel zu engagieren, reagieren Jugendliche häufig mit passivem und orientierungslosem Verhalten.

Einen weiteren belastenden Faktor stellt die Erfahrung der Arbeitslosigkeit seitens der Eltern dar. Gemäß Dokumentenanalyse betraf dies fünfzehn Prozent der Jugendlichen aus den beiden Qualifizierungsmaßnahmen. Häfke (2007: 100) konnte feststellen, dass arbeitsuchende Jugendliche signifikant häufiger arbeitslose Geschwister und arbeitslose Väter haben. Die dadurch oft angespannte Familiensituation kann für den Jugendlichen belastend wirken. Zugleich kann die Motivation, selbst eine Anstellung zu finden, eingeschränkt sein, da positive Vorbilder die Erwerbsarbeit betreffend, fehlen.

Veränderungen im Familiensystem durch Scheidung und das Entstehen von Patchworkfamilien wurden in 44% der Fälle festgestellt. Diese können sich ebenfalls auf die Sozialisation des Jugendlichen auswirken. Wird auf solch ein Ereignis nicht entsprechend reagiert, kann die Familie als Lernfeld verloren gehen (vgl. Quante-Brandt 1997: 71). Die Daten der aqua mühle spiegeln bei mindestens einem Drittel der untersuchten Jugendlichen ein eher belastendes als unterstützendes familiäres Umfeld wider. Während der gesamten Kurszeit hat jede/r Teilnehmer/in einen Einzelcoach für die persönliche Beratung. Bei Bedarf werden auch Familiencoachings und Hausbesuche durch die aqua mühle durchgeführt. Die Lebenswelt der Jugendlichen einzubeziehen, ist für den Maßnahmeerfolg wesentlich. Die Familie erweist sich hier als zentraler Punkt, vor allem vor dem Hintergrund, dass gut zwei Drittel (67%) der untersuchten Jugendlichen zuhause wohnen.

Schule

Neben den Eltern ist die Schule eine wichtige vorberufliche Sozialisationsinstanz. Der vorgefundene erhöhte Anteil von Personen, die den Einstieg in das Schulsystem über den Umweg einer Vorschulklasse absolvierten (28%), lässt vermuten, dass bei gut einem Viertel der Untersuchten Lern- und Entwicklungsverzögerungen auftraten. Insgesamt weisen die untersuchten Jugendlichen ein geringes Bildungsniveau auf. Von den 46 untersuchten Jugendlichen haben nur 19% eine anerkannte Berufausbildung oder eine höhere Schulausbildung. Der größere Teil der Stichprobe sind Jugendliche ohne Ausbildung. Im Schulsystem, das auf Leistung aufbaut, kann auf Schülerinnen und Schüler mit Lernschwierigkeiten und mit schwierigem familiären Hintergrund zu wenig eingegangen werden. Im Gegenteil, das Leistungsprinzip dient der Selektion und ist eine harte

Auslese, welches die Arbeitslosigkeit sozial benachteiligter Jugendlicher schon in der Schule vorprogrammiert (Thoma 2003: 44). Der Stärkung in Bezug auf schulische Qualifikationen wird in den hier untersuchten Maßnahmen auf verschiedene Art nachgekommen. Die bestehenden Lernformen werden hinterfragt und durch neue Methoden ergänzt, um vor allem den Spaß am Lernen wieder zu finden und zu fördern.

"Denn mehr denn je müssen Jugendliche heute nicht nur Wissen erwerben, sondern lernen, ihr eigenes Weiterlernen selbst in die Hand zu nehmen. Die Fähigkeit zum lebenslangen Lernen bildet eine Grundvoraussetzung, um aktuelle und zukünftige Anforderungen erfolgreich zu bewältigen." (aqua mühle 2007b: 26)

In Kooperation mit anderen Bildungsträgern, können parallel zur Maßnahme auch Bildungsabschlüsse (z.B. Hauptschulabschuss) nachgeholt werden.

Berufliche Erfahrungen

In der untersuchten Stichprobe haben 22% der Jugendlichen keine Berufserfahrung; sie hatten Schwierigkeiten, die erste Schwelle in den Beruf zu nehmen. In den Maßnahmen wird versucht, bei den Jugendlichen die keine Möglichkeiten hatten in den Arbeitsprozess integriert zu werden, berufliche Kompetenzen aufzubauen, Zukunftsperspektiven zu entwickeln und Handlungsmöglichkeiten zu erweitern. Ebenso ist es ein Ziel der Maßnahmen, die Teilnehmenden zu qualifizieren. Nach Abschluss einer Fachqualifikation haben viele Jugendliche Zertifikate erworben, was ihnen fachliche Kompetenz bescheinigt. Die Zertifizierung ist ein wichtiges Instrument, welches zukünftigen Arbeitgebern über die formalen Qualifikationen hinaus auch zum Beispiel Lernbereitschaft und vorhandenes Entwicklungspotenzial signalisieren kann. Neben Jugendlichen ohne Berufserfahrung ging ein weiteres Viertel (25%) Hilfstätigkeiten nach. Die Gruppe besteht aus älteren Jugendlichen im Alter von 20-24 Jahren. Die Schwierigkeiten der beruflichen Integration sind hier etwas anders gelagert. Es handelt sich vielfach um junge Erwachsene die aufgrund ihrer geringen Qualifikationen eine Hilfstätigkeit ausüben. Durch den stetigen Abbau in diesem Segment werden immer weniger ungelernte Arbeitskräfte benötigt. Deshalb muss in den Maßnahmen abgeklärt werden, wie durch geeignete Förderungen und Qualifizierungen eine Reintegration unterstützt werden kann.

Einen großen Anteil der Stichprobe machten mit 39% die Lehrabbrecher aus. Die Mitarbeiterinnen und Mitarbeiter der aqua mühle arbeiten beispielsweise mit der Implacement-Stiftung und dem überbetrieblichen Ausbildungszentrum zusammen, die den Jugendlichen ermöglichen, einen Lehrabschluss nachzuholen. In Vorarlberg haben seit dem Jahr 2004 über 200 Jugendliche auf diese Art eine Berufsausbildung absolviert (M. Morlok u.a. 2008: 26).

Die 14% der Jugendlichen mit gültigem Lehrabschluss haben aus der Perspektive der beruflichen Vorbildung die besten Reintegrationschancen. Da die Jugendlichen meist multiple Problemlagen aufweisen, gilt es hier wie auch in allen anderen Fällen, einen Plan mit Teilzielen zu entwickeln, in dem die extern beeinflussenden Faktoren, mit den persönlichen Ressourcen und Fähigkeiten abgestimmt werden.

Gesundheit

Psychische Symptome, die einer Abklärung bzw. genauerer Betrachtung bedürfen, konnten bei gut drei Fünftel der Untersuchten (61%) festgestellt werden. Der Zusammenhang zwischen Arbeitslosigkeit und einer erhöhten psychischen Belastung war schon mehrfach Gegenstand internationaler Untersuchungen wie beispielsweise bei denen von Kieselbach (2001), Richter (2004) und Imdorf (2005). So zeigen diese Studien, dass bei Jugendlichen auch schon kurze Erfahrungen mit Arbeitslosigkeit zu Verunsicherung, Zweifel, Resignation, sozialer Isolation oder gesundheitlichen Beeinträchtigungen führen können.

Es gehört zu den Zielen der arbeitsmarktpolitischen Maßnahmen, die seelische Gesundheit der Teilnehmer und damit die Fähigkeit zur Bewältigung von Anforderungen zu fördern. Durch Abklärungsgespräche wird ein möglichst detailliertes Bild über die psychosoziale Situation des/der Jugendlichen erstellt (vgl. aqua mühle 2007b: 4). Medizinische und psychologische Abklärungen sind weitere Möglichkeiten die dem Team zur Verfügung stehen.

Schlussfolgerung

In dieser Arbeit wurde der Versuch unternommen, arbeitslose Jugendliche aus Vorarlberg anhand ihrer Merkmale und Problemlagen darzustellen. Dabei muss beachtet werden, dass es *den* „arbeitslosen Jugendlichen" in Reinform nicht gibt, da moderierende Variablen, wie Beispielsweise soziale Herkunft, Lebenslage, Bildung, berufliche Erfahrungen, gesundheitliche Ausstattung, finanzielle Lage etc., weit variieren können. Weiterhin besteht die Gefahr, dass durch eine Einteilung des Jugendlichen in Kategorien, Merkmale und Problemfelder eventuell der Mensch nicht mehr ganzheitlich als aktiv handelndes Subjekt mit eigenen Werten, Einstellungen und Ressourcen wahrgenommen wird. Doch der Mensch ist immer mehr als die Summe seiner einzelnen Merkmale und deren Ausprägungen. So erhebt diese Arbeit keinen Anspruch auf Gültigkeit für den/die Einzelnen. Vielmehr überprüft sie die Häufigkeiten gruppierter Merkmale daraufhin, ob tendenzielle Aussagen über den nötigen Unterstützungsbedarf und die Ausrichtung der arbeitsmarktpolitischen Maßnahmen sowie eine Gewichtung der Inhalte möglich sind.

Die hier getroffenen Aussagen über die Übereinstimmung zwischen Unterstützungsbedarf und Maßnahmeangebot haben insofern explorativen Charakter, als sie nur anhand der Maßnahmenkonzepte und der Ausschreibungsunterlagen des Arbeitsmarktservice verglichen werden konnten. Die Untersuchung kann zwar etwas über den Unterstützungsbedarf einer bestimmten Zielgruppe aussagen aber nichts über die Wirkung der untersuchten arbeitsmarktpolitischen Maßnahme. Es gibt nur wenig Studien, welche die Wirkung von arbeitsmarktpolitischen Maßnahmen untersuchten. Die Untersuchung von Behle (2006) weist beispielsweise darauf hin, dass der Erfolg einer arbeitsmarktpolitischen Maßnahme auch mit der subjektiven Einschätzung der Chancen auf dem Arbeitsmarkt der Betroffenen zusammenhängt.

Hier kann Sozialarbeit ansetzen, indem sie beim Berufsfindungsprozess und zur bevorstehenden Phase des Überganges vom Schulsystem in eine berufliche Ausbildung oder in die Arbeitswelt wichtige Unterstützung leistet. Dabei werden Qualifizierungsmaßnahmen nicht als Schonraum gesehen, sondern als Entwicklungsraum auf dem Weg, einen angemessenen Platz in der Erwerbswelt zu finden. Eine weitere Ausrichtung der Sozialarbeit geht über die eigentliche Maßnahme hinaus und betrifft die Bewusstseinsbildung in der Öffentlichkeit für die Problemlagen der Gesellschaft. Eine Integration in den Arbeitsmarkt kann nur funktionieren, wenn es auch genügend Betriebe gibt, die Arbeitsplätze anbieten können. Denn Arbeitslosigkeit ist nicht das Problem des Individuums, sondern eine gesellschaftliche Herausforderung.

Literatur

Aqua mühle (Hrsg.) (2007a): Maßnahmenkonzept für die AMS Qualifizierungsmaßnahme Brücke zur Arbeit Oberland. Bietergemeinschaft ibis acam Bildungs GmbH und aqua mühle frastanz-soziale dienste gGmbH

Aqua mühle (Hrsg.) (2007b): Maßnahmenkonzept für die AMS Qualifizierungsmaßnahme Job House. Bietergemeinschaft ibis acam Bildungs GmbH und aqua mühle frastanz-soziale dienste gGmbH

Behle, Heike (2006): Veränderungen der seelischen Gesundheit durch die Teilnahme an arbeitsmarktpolitischen Maßnahmen. Evaluationsergebnisse zum Sofortprogramm zum Abbau der Jugendarbeitslosigkeit (JUMP). In: Hollederer, Alfons (Hrsg.): Arbeitslosigkeit, Gesundheit und Krankheit. Bern: Huber: 113-122

Fend, Helmut (³1988): Sozialgeschichte des Aufwachsens. Bedingungen des Aufwachsens und Jugendgestalten im zwanzigsten Jahrhundert. Frankfurt/M.: Suhrkamp

Geßner, Thomas (2003): Berufsvorbereitende Maßnahmen als Sozialisationsinstanz. Zur beruflichen Sozialisation benachteiligter Jugendlicher im Übergang in die Arbeitswelt. Münster; Hamburg; London: LIT Verlag

Häfke, Andreas (2007): Hoffnungslos Arbeitslos? Psychosoziale Auswirkungen von Arbeitslosigkeit auf Schulabgänger. Marburg: Tectum Verlag

Heinz, Walter R. (2005): Berufliche Sozialisation. In: Felix Rauner (Hrsg.): Handbuch Berufsbildungsforschung. Bielefeld: W. Bertelsmann Verlag

Hurrelmann, Klaus (2004): Lebensphase Jugend. Eine Einführung in die sozialwissenschaftliche Jugendforschung. Weinheim; München: Juventa

Hurrelmann, Klaus (2007): Lebensphase Jugend. Eine Einführung in die sozialwissenschaftliche Jugendforschung. Weinheim; München: Juventa

Imdorf, Christian (2005). Schulqualifikation und Berufsfindung. Wie Geschlecht und nationale Herkunft den Übergang in die Berufsbildung strukturieren. Wiesbaden: Verlag für Sozialwissenschaften

Kieselbach, Thomas (2001): Jugendarbeitslosigkeit und das Risiko sozialer Exklusion. Opladen: Leske + Budrich

Mansel, Jürgen & Hurrelmann, Klaus (1991): Alltagsstress bei Jugendlichen. Weinheim; München: Juventa

Mayring, Philipp (⁴1999): Einführung in die qualitative Sozialforschung. Eine Anleitung zu qualitativem Denken. Weinheim: Beltz Psychologie Verlags Union

Mayring, Philipp (⁹2007): Qualitative Inhaltsanalyse. Grundlagen und Techniken. Weinheim; Basel: Beltz Psychologie Verlags Union

Morlok, Michael u.a. (2008): Chancen für Geringqualifizierte in der internationalen Bodenseeregion. Zürich: gdz AG

Neumann, Riccardo (1999): Zum Krisenmanagement mit Arbeitslosen Jugendlichen. In: Thomas Hofsäss (Hrsg.): Jugend-Arbeit-Bildung. Berlin: VWB Verlag: 9-98

Quante-Brandt, Eva (1997): Der Schlüssel zur Freiheit. Zusammenhänge zwischen Sozialisation und verwehrter beruflicher Integration. Bremen: Veröffentlicht von Kooperation Univ. - Arbeiterkammer Bremen

Raab, Erich (1996): Jugend sucht Arbeit. Eine Längsschnittuntersuchung zum Berufseinstieg Jugendlicher. München: DJI Verlag

Richter, Elisabeth (2004): Jugendarbeitslosigkeit und Identitätsbildung: Sozialpädagogik zwischen Arbeitserziehung und Vereinspädagogik: eine historischsystematische Rekonstruktion. Frankfurt: Lang.

Stuckstätten, Eva C. (2004): Lebensentwürfe langzeitarbeitsloser, minderqualifizierter Jugendlicher. Sozialpädagogischer und sozialpolitischer Unterstützungsbedarf zur beruflichen Integration. Berlin: Logos Verlag

Tillmann, Klaus-Jürgen (⁸1997): Sozialisationstheorie. Eine Einführung in den Zusammenhang von Gesellschaft, Institution und Subjektwerdung. Reinbek: Rowohlt

Thoma, Günter (2003): Jugendarbeitslosigkeit bekämpfen – aber wie? URL: http://www.bpstiftung.de/fileadmin/user_upload/fachartikel/Jugendarbeitslosigkeit.pdf; (Zugriff am:24.11.08)

Sexualität im Altersheim. Was kann Sozialarbeit zur gelebten Sexualität alter Menschen im Seniorenheim beitragen?

Marion Müller

„Der Wunsch nach lustvollen Lebensäußerungen kann sozusagen mit allen denk- und fühlbaren Facetten, sei es ‚normale' oder so genannte ‚normabweichende' Sexualität, generationsübergreifend als zentrales menschliches Bedürfnis unterstellt werden." (Frieling-Sonnenberg 1997: 106). Diese „Sexuelle[n] Bedürfnisse wie auch deren Frustrationen ... [legen] alte Menschen ... nicht mit dem Einzug in ein Heim gleichsam vor der Türe ab ..." (ebd.: 101)

Sexualität im Alter ist ein Tabuthema, zumal, wenn es darum geht, ihre Formen und Möglichkeiten im strukturierten Rahmen von Seniorenheimen zu beschreiben. Das ist insofern bedeutsam, als davon ausgegangen werden darf, dass Alterssexualität genauso wahrscheinlich ist wie die Sexualität junger Menschen (Frieling-Sonnenberg 1997: 101-102; Kemper 1997: 53). Warum das Tabuthema kaum angesprochen wird, zeigt ein kurzer Blick auf die gelebte Realität.

Seniorenheime sind von eher starren Abläufen dominiert. Deren Tagesstruktur ist einer starken Routine unterworfen, welche in engem Zusammenhang mit den pflegerischen Tätigkeiten steht. Die Pflege im Sinne der medizinischen Versorgung und auch der Sauberkeit der Bewohnerinnen und Bewohner steht im Mittelpunkt aller Aktivitäten. Auf eine gemütliche Atmosphäre und das Wohlbefinden der alten Menschen kann daher erst dann geachtet werden, wenn alle pflegerischen Aufgaben verrichtet sind (vgl. Landerer-Hock 1997: 30). Nun nimmt die Pflegeausbildung wenig Bezug auf das Thema Alterssexualität. Pflegekräfte mit geringer Berufserfahrung finden sich aus diesem Grund in Situationen wieder, mit denen sie nie umzugehen gelernt haben (vgl. Grond 2001: 5). Für viele Pflegekräfte ist bereits die eigene Sexualität ein Tabuthema, das oft zu wenig reflektiert wurde, weswegen sie die Sexualität der gepflegten Personen oftmals nur schwer akzeptieren und nachvollziehen können (vgl. Frieling-Sonnenberg 1997: 101). Auch die Uniform, die von den Pflegerinnen und Pflegern in Seniorenheimen getragen wird, trägt zusätzlich zur Distanzbildung bei.

Pflegekräfte erscheinen äußerlich entsexualisiert, steril und nicht mit dem Thema Sexualität konfrontierbar (vgl. Gröning 1999: 70-71). Das folgende Zitat ist dafür beispielhaft:

> „Die Krankenschwester in der Geburtsklinik erträgt diese unergründliche Bedürftigkeit [nach Zuwendung] in Erwartung auf das kommende Leben relativ gelassen, die junge Pflegerin im Altenheim erschauert, wenn sie eine neunzigjährige Greisin zum erstenmal anfasst ... Würde es ihr helfen, wenn sie glauben könnte, dass diese Greisin dasselbe will wie das Baby? ... [Leider geht] die allgemeine Tendenz ... klar in die Richtung einer Ausblendung ... solcher ... Fragen."
> (Landerer-Hock 1997: 33).

Mit zunehmendem Alter können Faktoren auftreten, die genitale Aktivitäten erschweren oder verhindern. Das bedeutet aber keinesfalls das Ende der Sexualität älterer Menschen. Veränderungen bedeuten vielmehr einen „Übergang von Einseitigkeit zu Vielseitigkeit" (Nicuta 1991: 61). Diese Vielseitigkeit bedingt vor allem einen geringeren Stellenwert der koitalen Sexualität zugunsten der Zärtlichkeit in verschiedenen Formen. In einer Untersuchung von Fooken [1] zu den Beziehungswünschen älterer Frauen nannten die Befragten folgende drei Beziehungsformen zu jeweils einem Drittel: eine erotisch-sexuelle Beziehung, eine erotische Beziehung ohne sexuelle Kontakte und eine platonische aber zärtliche Beziehung (Fooken 1991: 119 ff).

Frauen, die auch im höheren Alter sexuell aktiv sind, waren dies Zeit ihres Lebens, meist in koitaler Form. Sie entwickelten ihre Vorstellungen von Moral weiter, wurden liberaler und können sich nun im Alter Sexualität auch ohne Ehe in jeder emotional stimmigen Beziehung vorstellen (ebd.: 123-127).

Sexuelle Aktivität hat positive Auswirkungen auf die Gesundheit älterer Menschen. So können intime Kontakte beispielsweise schmerzlindernde Wirkung zeigen oder das Immunsystem stärken. Neben den physischen Auswirkungen sind aber vor allem psychische Effekte zu nennen. Die Ausschüttung des Glückshormons Endorphin bewirkt eine höhere Zufriedenheit. Melancholie nimmt durch sexuelle Aktivität und ihre positiven Folgen – wie Zuneigung, sich begehrt zu fühlen, Zärtlichkeiten auszutauschen oder das Gefühl der Zweisamkeit – ab (Kolle 1999: 59-60).

Vor diesem knapp skizzierten Hintergrund griff die vorliegende Arbeit die Sexualität von Bewohnerinnen und Bewohnern in Seniorenheimen auf. Die Forschungsfrage lautet: „Wie kann gelebte Sexualität für Bewohnerinnen und Be-

---

[1] Fooken führte Ende der 80er Jahre qualitative Interviews mit Frauen im Alter zwischen 50 und 79 Jahren durch. Hier werden Ergebnisse der Gruppe von 39 Frauen mit nachehelicher Erfahrung (d.h. verwitwet oder geschieden) vorgestellt, zwei Drittel der Befragten sind in der Altersgruppe zwischen 65 und 79 Jahren (Fooken 1991: 116).

wohner von Seniorenheimen ermöglicht werden, und welchen Beitrag kann die Sozialarbeit dabei leisten?"

Sozialarbeitswissenschaftliche Theoriebasis

Nach Obrecht ist jedes nicht von äußeren Faktoren erzwungene Verhalten aufgrund eines inneren Antriebs bzw. aufgrund einer Motivation entstanden (Obrecht 1998: 14). Innere Antriebe bzw. Bedürfnisse kennzeichnen einen inneren Zustand, der sich stark von dem des Wohlbefindens unterscheidet. Obrecht geht davon aus, dass das Nervensystem eine Mangelsituation erkennt und den Organismus zu kompensatorischem Verhalten motiviert bzw. anleitet. Ein einfaches Beispiel dafür wäre das Bedürfnis nach einem Austauschstoff wie Wasser und der Bedürfnisbefriedigung durch Trinken (ebd.: 38).

Obrecht unterscheidet in seiner Theorie biologische [2], biopsychische [3] und biopsychosoziale [4] Bedürfnisse. Bedürfnisse, die nun mit Sexualität in Zusammenhang stehen, sind in allen drei Gruppen zu finden. Es sind dies das Bedürfnis nach sexueller Aktivität und Fortpflanzung, das Bedürfnis nach sensorischer Stimulation bzw. Berührung und das Bedürfnis nach emotionaler Zuwendung und Liebe. Im weiteren Sinne können auch die Bedürfnisse nach ästhetischem Erleben, nach Zugehörigkeit und nach sozialer Anerkennung hinzugenommen werden (ebd.: 50).

Da das Ziel von Bedürfnissen darin liegt, Ungleichgewichte auszugleichen, treten bei nicht erfolgter Bedürfnisbefriedigung eine Reihe von negativen Folgen auf. Im Hinblick auf Sexualität sind das beispielsweise der Abbau von Interesse und Initiative durch die stete Unterbindung von sexueller Aktivität (ebd.: 47). In diesem Zusammenhang spricht Obrecht auch von unterschiedlicher „Elastizität" von Bedürfnissen. So ist beispielsweise der Verzicht auf Sauerstoff nur für eine sehr kurze Zeit möglich. Das Bedürfnis nach sexueller Aktivität kann dagegen für einen individuell unterschiedlichen Zeitraum aufgeschoben werden. Wird die Bedürfnisbefriedigung über diese persönliche Toleranzspanne hinaus verzögert, reagieren Menschen mit verschiedensten Kompensationsmethoden (ebd.: 51).

---

[2] Biologische Bedürfnisse: nach physischer Identität (Schmutz, Schmerzen, Hitze, Kälte, Nässe, Verletzungen und Gewalt vermeiden), Austauschstoffen (Essen, Trinken, Sauerstoff), Regenerierung, sexueller Aktivität und Fortpflanzung (Obrecht 1998: 50).
[3] Biopsychische Bedürfnisse: nach sensorischen Bedürfnissen, ästhetischem Erleben, Abwechslung, Information, subjektivem Sinn, Kontrolle und Kompetenz (ebd.).
[4] Biopsychosoziale Bedürfnisse: nach emotionaler Zuwendung, spontaner Hilfe, Zugehörigkeit und Mitgliedschaft, Unverwechselbarkeit, Autonomie, sozialer Anerkennung und Gerechtigkeit (ebd.).

Durch die „Universalität menschlicher Bedürfnisse" (ebd.: 54), d.h. durch die Existenz derselben Bedürfnisse bei jedem Menschen, ergeben sich Rechte in Bezug auf deren Befriedigung. Diese Rechte bleiben zeitlebens bestehen und liegen etwa in Form der Allgemeinen Erklärung der Menschenrechte der Vereinten Nationen vor.

Umfrage unter professionell Tätigen in der stationären Altenarbeit

Obrechts bio-psycho-soziale Theorie, bzw. deren auf Bedürfnisse ausgerichterer Teilabschnitt, begründete eine Umfrage unter Berufstätigen in Vorarlberger Seniorenheimen (erkenntnisleitende Kategorien, Aufbau eines Interviewleitfadens). Die Erhebung untersucht, inwieweit es Bewohnerinnen und Bewohnern von stationären Altenpflegeeinrichtungen in Vorarlberg ermöglicht wird, ihre Sexualität zu leben. Dafür sollen die Erfahrungen von sechs Personen, die in Vorarlberger Seniorenheimen beruflich tätig sind, erhoben werden.

Die Befragung folgt dem qualitativen Ansatz, um durch menschliche Interventionen hervorgerufene Veränderungen aus subjektiver Sicht zu erfassen. Denn im Spannungsfeld von vorhandenen und neu entstehenden Situationen kreieren Menschen ihre intersubjektive Wirklichkeit (vgl. Komrey nach Mayer 2004: 22). Das Axiom dürfte auch für die Gegebenheiten in Seniorenheimen gelten. Professionelle, die in stationären Einrichtungen leitend tätig sind, können durch ihre Einflussnahme die Lebenssituationen der Bewohnerinnen und Bewohner entscheidend lenken. Um herauszufinden, inwieweit Einflussnahme auf das Sexualverhalten der Bewohnerinnen und Bewohner ausgeübt wird, geben Führungskräfte von Seniorenheimen zu ihrer Einstellung in Hinblick auf die Möglichkeiten der Alterssexualität Auskunft.

Für die Befragung wurde die Methode des Leitfadeninterviews gewählt. Durch eine Reihe von offenen Fragen – den Leitfaden – kann der Ablauf des Interviews strukturiert werden. Der Leitfaden stellt einerseits sicher, dass alle zu berücksichtigenden Aspekte angesprochen werden, andererseits gewährleistet er die Möglichkeit gewonnene Aussagen zu vergleichen (vgl. Flick und Friebertshäuser nach Mayer: 36). Folgende zentrale Kategorien wurden im Leitfaden festgehalten: Grundausbildung der Befragten, Leitbild des Heimes, Austausch zur Thematik mit BewohnerInnen und Personal, Problembewusstsein, Bewältigungsstrategien, Informationsbedarf aller Beteiligten zum Thema, Bereitschaft Beratung von außen anzunehmen.

Die interviewten Personen werden im Hinblick auf ihre Rolle als fachliche Expertinnen bzw. Experten befragt, d. h. in der vorliegenden Untersuchung ist das ihre jeweilige berufliche Rolle als Heimleiterinnen und Heimleiter bzw.

Pflegeleiterinnen und Pflegeleiter, da sie sich bereits mit der Thematik befasst haben (vgl. Mayer 2004: 27) Befragt wurden jeweils drei Heim- und Pflegeleitende aus Vorarlberger Seniorenheimen. Die Ergebnisse der Untersuchung sind in fünf Kategorien zusammengefasst dargestellt.

1.: Über die Möglichkeit, Sexualität im Seniorenheim leben zu können

Aktive Sexualität ist laut den interviewten Personen nur noch für einen Teil der alten Menschen von Bedeutung. Dabei ist auffallend, dass die meisten der entscheidungstragenden Personen über die gelebte Sexualität ihrer Bewohnerinnen und Bewohner kaum Bescheid wissen. Diese fehlende Kenntnis kann mangelndes Interesse oder mangelnde Offenheit zur Ursache haben, sehr viel wahrscheinlicher ist allerdings die tatsächlich fehlende Information über die sexuelle Aktivität von Bewohnerinnen und Bewohner. Dies ist auf mehrere Faktoren zurück zu führen: Sexualität wird meist im Verborgenen gelebt. Die Art des Auslebens ist kulturell unterschiedlich geprägt und ausgeprägt, so sind z.B. Unterschiede zwischen Stadt und Land, individuellen sozio-demographischen Bedingungen oder geographischen Regionen feststellbar. Sexualität, auch jene der im Seniorenheim lebenden Personen, entzieht sich i.A. der Beobachtung.

Im Umgang mit der Äußerung sexueller Bedürfnissen von Bewohnerinnen und Bewohnern wird Gesprächsbereitschaft nur teilweise sichtbar. Ein Gespräch wird immer nur dann gesucht, wenn Anlässe gegeben sind. Interessant ist die Tatsache, dass die Äußerung sexueller Bedürfnisse alter Menschen als Indikator für eine dahinterliegende Problematik gesehen wird. Solche Äußerungen scheinen Seniorenheime zu veranlassen, eine Art Problemlösungsprozess zu initiieren, bei dem das Gespräch die einzige Intervention bleibt. Das mag mit dem Gefühl von Mitarbeiterinnen und Mitarbeitern der Seniorenheime zusammen hängen, über keine anderen adäquaten Lösungsmethoden zu verfügen.

2.: Über die Thematisierung der Sexualität im Seniorenheim

Keine der befragten Einrichtungen berücksichtigt die Sexualität alter Menschen in ihren Leitbildern oder Konzepten. Sexualität hat ihren Platz ausschließlich im Bereich der Pflege, wo sie in Zusammenhang mit den Aktivitäten des täglichen Lebens abgefragt bzw. angesprochen wird.

3.: Über den Informationsbedarf aller Personen im Seniorenheim

Die interviewten Personen sehen bis auf eine Ausnahme keinen Bedarf an Informationen für die Bewohnerinnen und Bewohner ihrer Einrichtungen im Hinblick auf Sexualität. Lediglich eine befragte Person wäre froh, wenn es hierzu etwas gäbe.

Beim Informationsbedarf für Pflegekräfte herrscht absolute Einigkeit: Alle Befragten sehen es als notwendig an, Mitarbeiterinnen und Mitarbeiter über Sexualität zu schulen. Aus diesem Grund würde auch Hilfe von außenstehendem Fachpersonal in Anspruch genommen werden. Alle Interviewten sind sich sowohl in dieser Hinsicht einig als auch in der Unklarheit, wie sie an diese Fachleute kommen. Selbst jene Personen, die sich schon umgesehen haben, wurden aufgrund des derzeit geringen Angebotes kaum fündig. Im Besonderen ist hier anzumerken, dass alle Befragten einen Informationsbedarf für das Pflegepersonal sehen, obwohl sie nach eigenen Angaben nur wenig sexuelle Aktivität der Bewohnerinnen und Bewohner bemerken. Wenn Weiterbildungen ein so hoher Stellenwert beigemessen wird, ist anzunehmen, dass die Bewohnerinnen und Bewohner in größerem Ausmaß sexuell aktiv sind und diese Aktivität stärker tabuisiert wird, als die befragten Personen zugeben möchten.

4.: Über die Einstellung der Pflegekräfte

Die persönliche Einstellung der Pflegekräfte scheint für die Interviewten zentral zu sein. Nur wer sich mit der eignen Sexualität auseinander gesetzt hat, kann konstruktiv mit den Bewohnerinnen und Bewohnern am Thema arbeiten. Jede Pflegekraft muss für ihren Arbeitsbereich die eigenen Grenzen erkennen und benennen.

Obwohl die Pflegeleitungen der Privatsphäre von Bewohnerinnen und Bewohnern einen hohen Stellenwert einräumen kann nicht immer gewährleistet werden, dass diese auch gewahrt bleibt. Laut einer Aussage muss der Wunsch, im Zimmer nicht gestört zu werden, von Bewohnerinnen und Bewohnern aktiv geäußert werden. Dies setzt jedoch von der betreffenden älteren Person eine gewisse Offenheit voraus, welche wiederum von der Kommunikationskultur im Heim anhängig ist.

5.: Über Problematiken und Bewältigungsstrategien

Ein Teil der Befragten gibt an, dass die Bewohnerinnen und Bewohner keine ungewöhnlichen Formen der Sexualität leben. Kommen solche bei den alten

Menschen dennoch vor, gehen die Pflegekräfte damit unterschiedlich um. Teils gelingt es gelassen zu reagieren, teils sind schockierte Reaktionen die Folge. Dies ist in Zusammenhang mit dem persönlichen Zugang jeder und jedes Pflegenden bzw. der persönlichen Einstellung der Pflegekräfte zu sehen.

In Bezug auf Bewältigungsstrategien wird von den Pflegekräften das Gespräch mit allen Beteiligten klar favorisiert. Besonders die Heimleitungen berichten von Gesprächen im Team bzw. von Vorbereitungen für diese Problematik. Konkrete Lösungsstrategien und Pläne werden aber nicht vorgestellt. Scheinbar aus Mangel an alternativen Lösungen können dem Gespräch keine ergänzenden Maßnahmen folgen. Es zeigt sich eine unterschiedliche Bereitschaft, neue Lösungs- und Bewältigungsstrategien zu suchen bzw. sich diesen zu öffnen. Eine befragte Person nannte als Einzige auch die Kontaktaufnahme mit einem Gerontopsychiater zur medikamentösen Behandlung bzw. Dämpfung des Sexualtriebes als Variante.

Interventionsmöglichkeiten der Sozialen Arbeit

Der allgemeine Wunsch, Informationen für Pflegekräfte und entsprechende Weiterbildungen für Mitarbeiterinnen und Mitarbeiter zu bekommen, ist in Zusammenhang mit der klaren Verneinung eines Informationsbedarfes der Bewohnerinnen und Bewohner zu sehen und lässt einige Interpretationen zu. Möglicherweise herrscht größere Unsicherheit im Umgang mit der sexuellen Aktivität von Bewohnerinnen und Bewohnern, als die Befragten zugeben möchten. Das hängt vermutlich damit zusammen, dass auch die alten Menschen in stärkerem Ausmaß sexuell aktiv sind, als im Zuge dieser Erhebung in Erfahrung gebracht werden konnte. Aufgrund der geringen Anzahl von Bewältigungsstrategien, die die Seniorenheime für sich gefunden haben, sehen sie sich einer erheblichen Problematik, in Form von sexuell aktiven Bewohnerinnen und Bewohnern gegenüber. Dieser Umstand könnte eine große Hilflosigkeit auf Seiten des Pflegepersonals zur Folge haben.

Durch die eigene Weiterbildung und Information sehen Pflegekräfte nun eine Möglichkeit, sich aus der Hilflosigkeit zu befreien. Dabei dürfen Informationen für Bewohnerinnen und Bewohner nicht vergessen werden, da auch sie ihre eher hilflose Position nur durch Aufklärung und Information verlassen können. Dies zu forcieren ist auch Aufgabe von Pflegekräften. Denn Pflege ist eine Dienstleistung am Menschen, die unterstützen und befähigen will und pflegeethische Grenzen achtet. Bei Grond heißt es hierzu, Pflege hilft über Bedürfnisse zu sprechen und diese anzunehmen, sie achtet das Recht auf Selbstbestimmung auch in Bezug auf Sexualität und verfolgt eine Zusammenarbeit, deren oberstes Ziel das Wohl des alten Menschen ist (vgl. Grond 2001: 108).

Die Problematik im Umgang mit der besonderen Nähe, die im Zuge einer pflegenden Tätigkeit entsteht, kann der Sozialarbeit eine Interventionsmöglichkeit bieten. Diese Nähe zwischen alten Menschen und Betreuungspersonal stellt gerade im Hinblick auf die Sexualität der Bewohnerinnen und Bewohner für einige Pflegekräfte eine große Herausforderung dar. Grond empfiehlt daher sich als Pflegekraft mit eigenen Fragestellungen rund um das Thema Sexualität auseinanderzusetzen. Dies ist ihm deshalb besonders wichtig, da er die Einstellung der pflegenden Person zur eigenen Sexualität als elementar für die Authentizität einer pflegerischen Handlung sieht, die in Zusammenhang mit der Sexualität der gepflegten Personen steht. Entsprechende Fragestellungen können sowohl einzeln als auch, bei dementsprechender Offenheit, im Team angegangen und bearbeitet werden. Letzteres wäre beispielsweise in Seminaren möglich, in denen persönliche Erfahrungen der Pflegekräfte mit der Sexualität der Bewohnerinnen und Bewohner sowie Selbsterfahrungsanteile Platz finden. Über die Selbsterfahrung soll der persönliche Zugang zur Sexualität, die eigene Wertehaltung und Einstellung reflektiert werden. Ein derartiges Seminar könnte beispielsweise von einer Sozialarbeiterin bzw. einem Sozialarbeiter durchgeführt werden.

Bewohnerinnen und Bewohner von stationären Altenpflegeeinrichtungen haben noch weniger Zugang zu Information über das Thema Alterssexualität als Pflegekräfte. Das betrifft auch die „Aufklärung" über das generelle Vorhandensein sexueller Wünsche und die Art sexueller Bedürfnisse im Alter. So wird von Frauen berichtet, die aufgrund ihres Verlangens nach Selbstbefriedigung einen Arzt aufsuchten (Springer-Kremser & Leithner 1997: 2-3) und von alten Menschen, die sexuelle Lustgefühle als beginnenden Verwirrungszustand interpretieren (Landerer-Hock 1997: 36). Um Anregungen zu bieten, wie das Informationsdefizit gemildert werden könnte, wurde im Kontext der Diplomarbeit ein fiktiver Informations-Folder für im Seniorenheim wohnhafte Menschen entwickelt.

Die hier durchgeführten Expertinnen- und Experteninterviews zeigten, dass mit Bewohnerinnen und Bewohnern über das Thema Sexualität hauptsächlich anlassbezogene Gespräche geführt werden. Eine Weiterentwicklung der Gespräche kann darin bestehen, eine organisierte, fortlaufende Erinnerungsrunde im Seniorenheim einzuführen. Denn derzeit scheint es kaum Angebote für Heimbewohnerinnen und -bewohner zu geben, sich mit dem Thema Alterssexualität im Allgemeinen und dem Thema Sexualität im Seniorenheim im Speziellen auseinanderzusetzen. Die Bewohnerinnen und Bewohner stationärer Altenpflegeeinrichtungen verfügen jedoch über diesbezügliche persönliche Problemlösungskompetenzen, die ihnen meist nur nicht bewusst sind. Denn als Betroffene sind sie zugleich Expertinnen und Experten. Ein Erinnerungscafé kann helfen, diese Kompetenzen zu erinnern, zu artikulieren und für eine Umsetzung zur Verfügung zu stellen. Wie Fredersdorf et al. darstellen, kann die Durchführung von Biografiearbeit für Pflegekräfte auch zur Überforderung beitragen (Fredersdorf et al. 2006: 185). Aus diesem Grund ist es sinnvoll, Sozialarbeiterinnen bzw. Sozialarbeiter mit der Gruppenleitung zu betrauen und nicht jene Pflegekräfte, die andernorts andere Formen der Biografiearbeit leisten. Auf diese Weise können beim heiklen Thema Alterssexualität auch Rollenkonflikte vermieden werden. Ist die ausführende Person auf dem Gebiet der biografischen Arbeit spezialisiert, wird sie neues Wissen und bereits gesammelte Erfahrungen mitbringen können. Möglicherweise gelingt auch eine Zusammenarbeit mit andern Einrichtungen der stationären Altenpflege in der Region (vgl. Osborn et al. 1997: 26).

Fazit

Diese Diplomarbeit sollte die Situation von Bewohnerinnen und Bewohner stationärer Altenpflegeeinrichtungen beschreiben in Hinblick auf ihre Möglichkeiten sexuell aktiv zu sein. Dabei wurde die Frage gestellt, welchen Beitrag die Sozialarbeit leisten kann, um die gelebte Sexualität alter Menschen im Seniorenheim zu ermöglichen.

Es wurde dargelegt, dass sexuelle Bedürfnisse und Wünsche auch im Alter erhalten bleiben. Körperliche Veränderungen, die Wohnsituation im Seniorenheim oder der Mangel einer Partnerin bzw. eines Partners haben zwar nur geringen Einfluss auf die sexuellen Wünsche alter Menschen, können die Möglichkeiten zu deren Befriedigung aber stark einschränken. Die sexuelle Aktivität von Bewohnerinnen und Bewohnern in Seniorenheimen kann von Pflegekräften als problematisch erlebt werden. Dies wurde auch in der hier durchgeführten Befragung deutlich. Besondere Formen der Sexualität, wie beispielsweise Übergriffe auf das Pflegpersonal, stellen Mitarbeiterinnen und Mitarbeiter von Seniorenheimen vor große Herausforderungen. Im Umgang mit der Sexualität alter Menschen können sie kaum Lösungswege präsentieren. Das spüren auch Heim- und Pflegeleitungen und äußern daher ihren Wunsch nach Weiterbildungsangeboten für ihre Mitarbeiterinnen und Mitarbeiter. Die Ausarbeitung eines solchen Angebotes obliegt in Vorarlberg in erster Linie der „Connexia – Gesellschaft für Gesundheit und Pflege GmbH" und den Seniorenheimen. Für besondere Bereiche, beispielsweise für die Rollenreflexion und Selbsterfahrung von Pflegekräften oder die Biografiearbeit mit Bewohnerinnen und Bewohnern, könnte die Sozialarbeit in Kooperation mit regionalen Anspruchsgruppen einen zentralen Beitrag leisten.

Literatur

Fooken, Insa (1991): Sexualität und Altern: Die „nacheheliche" Perspektive – Erleben und Verhalten geschiedener und verwitweter Frauen. In: Karl, Fred & Friedrich, Ingrid (Hg): Partnerschaft und Sexualität im Alter. Darmstadt: Steinkopff

Fredersdorf, Frederic, Battisti, Martina & Ringler, Christine (2006): Wahrnehmende Unternehmenskultur. Personal- und Organisationsentwicklung in Vorarlberger Einrichtungen der Altenpflege. Wien: Facultas

Frieling-Sonnenberg, Wilhelm (1997): Altenpflegeheim-Mangement unter neuen Bedingungen: der Mensch im Mittelpunkt? Frankfurt am Main: Mabuse

Grond, Erich (2001): Sexualität im Alter. (K)ein Tabu in der Pflege. Hagen: Brigitte Kunz

Gröning, Katharina (1999): Ja aber – zum Problemfeld Sexualität in der Pflege alter Menschen. In: Remlein Karl-Hubert & Nübel, Gerhard (Hg): Geschlechtslos im Alter? Aspekte zur Alterssexualität. Gütersloh: Jakob van Hoddis

Kemper, Johannes (1997): Sexuelle Störungen im Alter: Erstgespräch und dreizehn Jahre danach. In: Wiegand, Michael & Kockott, Götz (Hg): Partnerschaft und Sexualität im höheren Lebensalter. Wien, New York: Springer

Kolle, Oswalt (1999): Lebensqualität und Sexualität im Alter. In: Remlein Karl-Hubert & Nübel, Gerhard (Hg): Geschlechtslos im Alter? Aspekte zur Alterssexualität. Gütersloh: Jakob van Hoddis

Landerer-Hock, Christine (1997): Sexualität in Altenheimen – ein Tabu thematisieren. In: Wiegand, Michael & Kockott, Götz (Hg): Partnerschaft und Sexualität im höheren Lebensalter. Wien, New York: Springer

Mayer, Horst O. (2004): Interview und schriftliche Befragung. Entwicklung, Durchführung und Auswertung. München, Wien: Oldenbourg

Nicuta, D. (1991): Philosophische Reflexionen zum Thema „Vom Sexus zum Eros". In: Karl, Fred & Friedrich, Ingrid (Hg): Partnerschaft und Sexualität im Alter. Darmstadt: Steinkopff

Obrecht, Werner (1998): Umrisse einer biopsychosozialen Theorie menschlicher Bedürfnisse. Skript. Zürich

Osborn, Caroline, Schweitzer, Pam & Trilling, Angelika (1997): Erinnern. Eine Anleitung zur Biografiearbeit mit alten Menschen. Freiburg im Breisgau: Lambertus

Springer-Kremser, Marianne & Leithner, Katharina (1997): Die Sexualität der älteren Frau. In: Wiegand, Michael und Kockott, Götz (Hg): Partnerschaft und Sexualität im höheren Lebensalter. Wien: Springer

Sydow, Kirsten von (1994): Die Lust auf Liebe bei älteren Menschen. München: Reinhardt

Unger, Ulrike & Brähler, Elmar (1998): Sexualität im Alter – Ergebnisse einer Repräsentativbefragung. In: Kruse, Andreas (Hg): Psychosoziale Gerontologie. Band 1: Grundlagen. Göttingen: Hogrefe

Wirkungsforschung in der Sozialarbeit - Ökonomisierung oder neue Chance?

Elke Werle

Was leistet und bewirkt Sozialarbeit? Und noch viel wichtiger: Wie lassen sich diese Effekte messen und belegen? Besonders die veränderten Anforderungen der Geldgeber bzw. der öffentlichen Hand an soziale Dienstleistungen machen aus einer persönlichen Frage eine professionelle Fragestellung, die Rahmen der oben bezeichneten Diplomarbeit erörtert worden ist.

Um die Frage nach der Wirkung von Sozialarbeit beantworten zu können, ist es notwendig, sie grundlegend zu definieren. Sozialarbeit versteht sich als

„eine Form der professionellen Hilfe, die einsetzt, wenn Einzelnen, Gruppen oder dem Gemeinwesen die Alltagsbewältigung mit eigenen Mitteln und anderen vorhandenen gesellschaftlichen Ressourcen nicht gelingt" (OBDS 2004).

Anhand dieser sehr allgemeinen Definition lässt sich bereits erkennen, dass sich Sozialarbeit komplexen Problemlagen widmet. Manche Autoren gehen in ihrer Argumentation weiter und bezeichnen die Lösung komplexer und schlecht strukturierter Probleme als zentrales Kennzeichen der Sozialarbeit (vgl. Heiner 1988: 12). Dies legt nahe, dass zur Bearbeitung der Komplexität diese in irgendeiner Art und Weise reduziert werden muss, um handhabbare Schritte umsetzen zu können. Dies kann beispielsweise durch Splittung der Ziele in Teilziele erreicht werden. Ein Beispiel aus der Praxis hierfür wäre die Aufteilung des Zieles „Reintegration eines ehemaligen Strafgefangenen" auf spezielle Fachdienste für die Bereiche Wohnen, Haftentlassenenbetreuung, arbeitsmarktbezogene Maßnahmen etc..

Neben der Bearbeitung von vielschichtigen Problemen befindet sich die Profession auch in einem stetigen Balanceakt. Gegenstand dieses Balanceakts ist es, die unterschiedlichen Anforderungen der verschiedenen Systempartner und Systemteile in funktionierender Weise zu koordinieren. Die Anzahl möglicher Systempartner ist fast unüberschaubar: Klienten/Adressaten, Politik, Verwaltung, Geldgeber, Angehörige, Trägerorganisationen, Mitarbeiter, Medien usw. – sie alle nehmen Einfluss auf die Definition von erwünschten und nicht erwünschten Wirkungen in der Sozialarbeit. Nahezu müßig ist die Feststellung, dass die verschiedenen Interessensgruppen mit ungleich großen Einfluss- und Entscheidungsmöglichkeiten ausgestattet sind. In diesem Zusammenhang soll ein zentraler Unterschied von sozialen Dienstleistungen im Gegensatz zu marktwirtschaftlichen Dienstleistungen hervorgehoben werden: Der Endverbraucher einer sozialen Dienstleistung ist mit dem Financier der Dienstleitung *nicht ident*.

Seitens der Geldgeber sieht sich die Sozialarbeit in den letzten Jahren immer mehr unter dem Druck „von außen kommenden Legitimationsanforderungen" und „der vordergründigen Verkoppelung von Kostensteuerung und Qualitätssteuerung" (Merchel 2004: 137). Aus der Wirtschaft stammende Konzepte wurden und werden unreflektiert auf die Sozialarbeit und ihre besonderen Gegebenheiten übertragen – mit zum Teil auch ethisch fragwürdigen Konsequenzen (vgl. Eichler & Hochenreuther 2000: 165). Diese Entwicklung kann auch als „Ökonomisierung der Sozialarbeit" bezeichnet werden.

Die beiden oben erwähnten Prozesse, nämlich die Reduktion und Spezialisierung auf Teilziele sowie auch der zunehmende Einfluss von wirtschaftlichen Faktoren und Denkweisen auf die Bewertung von sozialarbeiterischen Dienstleistungen haben zu einer wenig begrüßenswerten Entwicklung geführt: Es werden insgesamt bei der Bewertung der Qualität von Sozialarbeit unpassende und ungenaue Faktoren herangezogen. Beispielhaft soll hier nur die Konzentration auf rein quantitative Faktoren (wie Fallzahlen, Fallabschlüsse), die in keinerlei Zusammenhang mit der Ergebnisqualität einer sozialen Dienstleistung stehen, erwähnt werden. Ebenso führt die oben erwähnte Aufteilung der Hauptziele in Teileziele zwar zur Reduktion der Komplexität, jedoch wird dann dieser Prozess bei der Betrachtung der Zielerreichung meist nicht rückgängig gemacht. Dies führt in der Folge zu kurzsichtigen Schlussfolgerungen.

Wirkungsforschung in der Sozialarbeit

Die Arbeit beschäftigt sich mit der Frage, ob das Konzept der Wirkungsforschung, welches bereits in Nachbar- und Bezugsdisziplinen der Sozialarbeit eingesetzt wird, auch für die Sozialarbeit genutzt werden kann. Neben der allgemeinen Betrachtung des Begriffs Wirkungsforschung werden hierfür verwandte bzw. überlappende Begriffe wie Evaluations-(forschung), Qualitätsmanagement oder neue Steuerungsmodelle wie beispielsweise das Public Private Partnership in Augenschein genommen. Es erfolgt auch eine eingehende Gegenüberstellung des quantitativ orientierten, leicht messbaren Output-Modells im Gegensatz zum Ansatz des Outcomes, bei dem versucht wird, die beabsichtigten Wirkungen im

Gegensatz zum erstellten Produkt zu beschreiben (vgl. Manalex – Management Lexikon 2005).

Darauf aufbauend wird der Begriff der Wirkungsforschung für die Sozialarbeit definiert und in der Organisationsstruktur eines sozialen Dienstleistungsunternehmens verortet. Ebenso wird beabsichtigt, förderliche Strukturen für die Implementierung von Wirkungsforschung zu identifizieren und strukturiert darzustellen. Überlegungen zu den ethischen Implikationen von Leistungsmessung und -bewertung von sozialen Dienstleistungen runden den theoretischen Teil der Arbeit ab.

Neben der theoretischen Bearbeitung des Begriffs werden auch erste Überlegungen zur praktischen Umsetzung des Konzepts gemacht. Zum einen werden praktische Realisierungsmöglichkeiten und -beispiele angedacht und zum anderen für die Umsetzung förderliche Faktoren beleuchtet.

Der dritte Teil der Arbeit reflektiert die bereits erzielten Ergebnisse durch Experteninterviews in der Vorarlberger Soziallandschaft der Praxis. Ziel der Interviews war die Überprüfung der Hypothese, ob das Modell der Wirkungsforschung auch für in der Praxis Tätige Nutzen birgt. Zusätzlich sollten Erwartungen und Befürchtungen (besonders im Bezug auf die Ökonomisierung von sozialen Dienstleistungen) identifiziert werden.

Der letzte Teil der Arbeit setzt die in den unterschiedlichen Bereichen der Arbeit erzielten Ergebnisse miteinander in Verbindung und formuliert Schlussfolgerungen sowie einen Ausblick auf zukünftige Entwicklungen.

Theoriebildung zur Sozialarbeit als Profession

Die oben genannten Fragestellungen und Zielsetzungen wurden anhand verschiedener Bezugspunkte und -theorien erörtert, die im Folgenden unter Bezugnahme auf die Problemstellung kurz dargestellt sind. Begonnen wurde mit der Untersuchung des Begriffs der Wirkungsforschung in den der Sozialarbeit nahe stehenden und verwandten Disziplinen wie beispielsweise dem Recht und der Kommunikationswissenschaft. Auch praxisnähere Gebiete wie die Kriminalprävention oder arbeitsmarktpolitische Maßnahmen wurden untersucht. Es konnte festgestellt werden, dass einer grundsätzlichen Übertragung des Konzepts in die Sozialarbeit nichts entgegensteht.

Basierend auf Wendts Verständnis von sieben Gegenstandsbereichen der Sozialarbeitswissenschaft wird ein Bedarf für Wirkungsforschung sichtbar. Die Weiterentwicklung der Profession in den Bereichen Qualität, Arbeitseffektivität und -effizienz sowie der Rechenschaftslegung gegenüber den Geldgebern ist demnach ein eigenes Forschungsgebiet (vgl. Wendt 2005: 4).

Nach dieser ersten Bestandsaufnahme wurde ersichtlich, dass Wirkungsforschung den Ansätzen von Evaluation und Qualitätsmanagement nahesteht. Da die Wurzeln dieser beiden Fachgebiete außerhalb der Sozialarbeit liegen, wurden theoretische Ansätze von Evaluation und Qualitätsmanagement in Bezug auf die Wirkungsforschung betrachtet. Die Diskussion zeigt, dass sich „Qualität" auf drei Bereiche bezieht (vgl. Böllert 2004: 121):

- Strukturqualität,
- Prozessqualität und
- Ergebnisqualität

Wirkungsforschung bewegt sich nun ausschließlich im Bereich der Ergebnisqualität. Doch genau dieser Teilbereich von Qualität wird in der Sozialarbeit wenig beleuchtet. Problembeschreibung und Prozessdenken scheinen in der Profession vertrautere Denkansätze zu sein.

Bei Qualitätsmanagement und Evaluation handelt es sich um bereits in der Sozialarbeit genutzte Methoden, welche allerdings auch kontrovers diskutiert werden. Beispielsweise verweist Lorenz darauf, dass eine lediglich instrumentelle Übertragung von Managementkriterien die Bestimmung von Qualitätskriterien sogar ausschalte und verschleiere (vgl. Lorenz 2004: 114). Daher war in diesem Zusammenhang die deutliche Abgrenzung der Sozialen Arbeit zu anderen Professionen, die sich in anders beschaffenen, marktwirtschaftlichen Kontexten bewegen, von großer Bedeutung.

Eine sehr anschauliche Beschreibung der Besonderheiten Sozialer Arbeit bietet der von Luhmann und Schorr in den 1980er Jahren entwickelte Begriff des „strukturellen Technologiedefizits", der im Laufe der Jahre auch von anderen Autoren aufgegriffen wurde. Gemeint ist hiermit, dass „Aufwand und Ertrag, Bedingung und Auswirkung (… pädagogischen Handels) nicht kausal verknüpft und die Intervention entsprechend nicht punktgenau planbar (sind)" (Beckmann u. a. 2004: 12). Mit anderen Worten ausgedrückt bedeutet dies, dass sozialarbeiterisches Handeln nicht mit der Produktion von Waren oder Dienstleistungen vergleichbar ist. Der Einzelfall ist immer wieder neu und somit das Maß der Dinge (vgl. Luhmann & Schorr 1982: 14 f.).

Diese Erkenntnis führt auch in der Folge zu speziellen ethischen Überlegungen. Wo liegen die Grenzen und Möglichkeiten der Wirkungsmessung? Ab welchen Zeitpunkt nehmen wirtschaftliche und damit auch (untrennbar verknüpft) politische Interessen in nicht mehr tolerierbarer Weise Überhand? Die vorliegende Arbeit ging neben theoretischen und praktischen Fragestellungen auch auf grundsätzliche ethische Überlegungen und Standards in der Forschung ein. Exemplarisch wird an dieser Stelle die Wahrung der Privatsphäre und die

Priorität der Helferrolle beim Rollenkonflikt mit der Forscherrolle erwähnt (vgl. Hadley & Mitchell 1995: 106 – 112).

Bei einem Konzept wie dem der Wirkungsforschung besteht stets die Gefahr, dass es lediglich auf finanzielle bzw. kostenreduzierende Faktoren verkürzt wird. Dies ist jedoch nicht als ein inhärenter Mangel zu betrachten, sondern eher als „Anwendungsfehler" zu verstehen. Im Umkehrschluss dazu ermöglicht die Wirkungsforschung durch die Messung der Ergebnisqualität hilfreiche Steuerungsmöglichkeiten für die langfristige Strategieplanung, da durch sie ungenügende, unwirksame oder falsch eingesetzte Mittel und Ressourcen entdeckt werden können (vgl. Eichler & Hochenreutener 2000: 165).

Die Argumentationslinien zeigen, dass Wirkungsforschung den Trend zur Ökonomisierung grundsätzlich nicht verstärkt. Sie versucht sogar der bloßen Regentschaft der Zahlen entgegenzutreten, indem sie die Bedeutung von Zahlen mit qualitativen Aspekten auffüllt. Genau diese qualitativen Aspekte werden der Realität von Sozialer Arbeit deutlich gerechter als rein betriebswirtschaftliche Betrachtungen. Auch können somit die Besonderheiten sozialer Dienstleistungen (Stichwort Strukturelles Technologiedefizit) besser an fachfremde Personen und Gruppen vermittelt werden.

Qualitative Interviews mit QM-Expertinnen und -experten

Um die theoretischen Befunde zur Wirkungsforschung in der Sozialarbeit für Vorarlberg weiterführend zu erkunden, wurden sechs Experteninterviews durchgeführt. Damit sollten auch die bisherigen Evaluations- und Qualitätsmanagement-Aktivitäten der Vorarlberger Soziallandschaft erhoben werden. Aus diesen Ergebnissen sollten sich Schlüsse und Hinweise über die Realisierungs- und Andockmöglichkeiten für das Konzept Wirkungsforschung ergeben. Der größere Teil der Interviews konzentrierte sich auf den Begriff der Wirkungsforschung selbst und versuchte Einstellungen und Haltungen, mögliche Vorurteile und die Resonanz aus der Praxis zu erfassen.

Die Interviews waren halbstrukturiert konzipiert, d.h. es lag ihnen zwar ein Leitfaden zugrunde, dieser konnte aber flexibel gehandhabt werden. Das übergeordnete Ziel bestand darin, relevante Informationen aus der Praxis zu erhalten. Die Abfolge und Struktur des Leitfadens konnte zugunsten des Hauptziels variiert werden.

Die Interviewpartner wurden mit der Methode des A-priori-Samplings ausgewählt. Folgende Auswahlkriterien waren dabei ausschlaggebend, um eine möglichst große Bandbreite zu erzielen: Unterschiedliche Trägerinstitutionen (mit verschiedenen Herangehensweisen an das Thema Ergebnisqualität), ein

Gleichgewicht zwischen Praktikern der Leitungs- bzw. Ausführungsebene sowie Einbezug der Sichtweise der Geldgeber. Die Interviewpartner stammen aus zwei Sozialeinrichtungen Vorarlbergs (Institut für Sozialdienste, Vorarlberger Kinderdorf). Zusätzlich wurden auch zwei Vertreter der Landesregierung Vorarlberg, Abteilung Gesellschaft und Soziales, befragt, um die wichtige Perspektive der Geldgeber einzubeziehen.

Die Daten aus den Experteninterviews wurden mittels der qualitativen Inhaltsanalyse vom Typus der Strukturierung ausgewertet (vgl. Mayring 2000). So konnten sechs zentrale Themenbereiche identifiziert werden nämlich:

- die derzeitigen Qualitätsmanagement-Tätigkeiten,
- die bereits vorhandenen Kenntnisse zur Wirkungsforschung,
- die grundsätzliche Einstellung zur Wirkungsforschung,
- eigene Anforderungen an die Wirkungsforschung,
- die Kommunikation von Ergebnissen nach außen und
- die Haltung zur Ökonomisierungsdebatte.

Zentrale Ergebnisse und Schlussfolgerungen

Entsprechend der dreiteiligen Struktur der Diplomarbeit lassen sich auch die Ergebnisse in theoretische, praxisbezogene und empirische Aspekte gliedern.

Der theoretische Teil bietet eine umfassende Auseinandersetzung mit dem Modell der Wirkungsforschung und an daran anschliessende Begriffe und Methoden des Qualitätsmanagements und der Evaluationsforschung. Dies ermöglicht es, das Konzept in der Sozialarbeit selbst sowie im organisatorischen Umfeld von sozialen Dienstleistungen einzuordnen und zu platzieren. Die Literaturarbeit mündet in die folgende Definition von Wirkungsforschung in der Sozialarbeit:

1. Wirkungsforschung in der Sozialarbeit beschäftigt sich mit dem Erkennen, Messen und Interpretieren der Ergebnisqualität und/oder dem Outcome (Auswirkungen) sozialarbeiterischen Handelns.
2. Bezugspunkt für die erhobene Ergebnisqualität oder den Outcome ist die zuvor definierte, übergeordnete Zielsetzung (bzw. Vision) der Einrichtung, die sich von lediglich quantitativen Zielen absetzt.

Aus dieser neuen Herangehensweise an die Generierung, Messung und Interpretation von klientenbezogenen Daten lassen sich die folgenden Vorteile für sämtliche Systempartner Sozialer Arbeit ableiten:

- Generierung von aussagekräftigeren Daten zur Qualität von sozialen Dienstleistungen bzw. zu deren Wirkung.
- Neben dem unstrittigen Nutzen für die soziale Organisation selbst kann auch die bisweilen schwierige Kommunikation über Leistung und Leistungsfähigkeit von sozialen Dienstleistungen verbessert werden. Dies geschieht neben der Gewinnung von neuartigen Daten auch durch die Anreicherung von lediglich quantitativen Daten (z.B. Klientenzahl, Fallabschlüsse ...) mit qualitativen Aspekten (z.B. Einbezug der Zugangsmöglichkeiten für Klienten, Klärung und Präzisierung von erfolgreichen Fallabschlüssen) und der wertschätzenden Betonung der Andersartigkeit von sozialen Dienstleistungen.
- Der dadurch erzielte Wissenszuwachs fördert die Entwicklung von neuen Ansätzen sowie stetige Verbesserung und Reflexion der bisherigen Tätigkeit. Innovation und Abgleichung der bestehenden Arbeit mit den gesellschaftlichen Entwicklungen passieren sozusagen als „erwünschter Nebeneffekt" der Wirkungsforschung.
- Daten über die Wirkung des eigenen Tuns fördern die Identität der Organisation und deren Mitarbeiter.

Der praxisorientierte Teil der Arbeit bietet Anregungen, wie neuartiges und aussagekräftiges Datenmaterial für die Wirkungsforschung gewonnen werden kann. Die Anregungen wurden aus zwei Perspektiven heraus entwickelt:

Zum einen werden förderliche und abträgliche Haltungen und Strukturen zur praktischen Umsetzung der Wirkungsforschung beschrieben. Hervorzuheben sind an dieser Stelle

- die Wahl kleiner, organisationsangepasster Strukturen,
- der Einbezug von Mitarbeitern sowie
- die Entkoppelung des Begriffs der Klientenbefragung von der Sammlung reiner Akzeptanzaussagen.

Mit Letzterem ist gemeint, dass sich bislang die Klientenbefragung als Äquivalent des betriebswirtschaftlichen Modells der Kundenbefragung verstanden hat. Diese Übertragung geschah jedoch ohne die spezifischen Besonderheiten von sozialen Dienstleistungen zu berücksichtigen. Weiter oben wurde bereits erwähnt, dass aufgrund der öffentlichen Finanzierung von sozialer Arbeit der „Endverbraucher" nicht mit dem Geldgeber ident ist. Die Meinung des Klienten als „Endverbraucher" ist lediglich als Akzeptanzaussage über die Dienstleistung selbst zu verstehen und enthält keine Informationen über das Preis-Leistungs-

Verhältnis, das üblichen Dienstleistungen immer als Qualitätsmerkmal anhaftet. Selbstverständlich muss an dieser Stelle auch festgehalten werden, dass die Meinung von Klientinnen und Klienten zwar durchaus eine sehr wichtige Informationsquelle darstellt, es aber notwendig ist, die daraus gewonnen Daten und Erkenntnisse bei ihrer Beurteilung und Interpretation in Relation zu weiterem Datenmaterial und zu den Zielen der jeweiligen Einrichtung zu setzen (vgl. Kromrey 2000: 55).

Zum anderen werden bekannte und weniger bekannte Methoden zur Datenerhebung und -gewinnung dargestellt, die auch zur Erfassung der Ergebnisqualität dienen können. Das zentrale Kriterium für eine aussagekräftige Methode zur Erhebung der Ergebnisqualität ist die Fähigkeit die Zielsetzung/Vision der sozialen Dienstleistung mit messbaren, nachvollziehbaren Ausprägungen zu verbinden. Als Beispiele für solche Methoden können Indikatorenmodelle, Plan- und Rollenspiele oder qualitativ ausgewertete Klientenbefragungen herangezogen werden.

Aus den Experteninterviews, die den empirischen Teil der Arbeit darstellen, lassen sich schlussendlich mehrere Eckpunkte ableiten. An erste Stelle kann festgehalten werden, dass die Methoden des Qualitätsmanagements und der Evaluation in die Sozialinstitutionen Vorarlbergs flächendeckend ihren Einzug gehalten haben. Dies lässt wiederum die Schlussfolgerung zu, dass ein gewisses Qualitätsbewusstsein und -verständnis vorhanden ist und somit die Basis für die Wirkungsforschung gegeben ist. Gegenüber dem Konzept der Wirkungsforschung kann seitens der Expertinnen und Experten eine offene und interessierte Grundhaltung ausgemacht werden. Ebenso benennen sie klar Nachteile und Risken von falsch verstandener Leistungsmessung. Als Hauptrisikofaktor wird dabei eine Bewegung weg vom einem Qualitätsverständnis als Ergebnis eines gemeinsamen Definitions- und Verhandlungsprozesses hin zu lediglich einseitig definierten, vom Kostenfaktor bestimmten Bewertungskriterien angesehen,

Insgesamt verweisen die Interviewergebnisse darauf, dass der Balanceakt zwischen den Vorteilen der Wirkungsforschung und den Nachteilen einer weiteren Ökonomisierung in der Praxis der Vorarlberger Sozialwirtschaft erkannt wird. Dies sollte eine verantwortungsvolle Umsetzung der Wirkungsforschung ermöglichen, wodurch sich auch neue Chancen für die Soziale Arbeit ergeben, ihren Tätigkeitsbereich sinnvoll auszuweiten.

Literatur

Beckmann, Christof, Otto, Hans-Uwe, Richter, Martina & Schrödter, Mark (Hrsg.) (2004): Qualität in der sozialen Arbeit. Zwischen Nutzerinteresse und Kostenkontrolle. Wiesbaden: VS Verlag für Sozialwissenschaften

Beckmann, Christof, Otto, Hans-Uwe, Richter, Martina & Schrödter, Mark (2004): Negotiating Qualities – Ist Qualität Verhandlungssache? In: Beckmann, Christof u. a. (2004): Qualität in der sozialen Arbeit. Zwischen Nutzerinteresse und Kostenkontrolle. Wiesbaden: VS Verlag für Sozialwissenschaften: 9-34

Böllert, Karin (2004): Qualität und Wettbewerb sozialer Dienste. In: Beckmann, Christof u. a. (2004): Qualität in der sozialen Arbeit. Zwischen Nutzerinteresse und Kostenkontrolle. Wiesbaden: VS Verlag für Sozialwissenschaften: 121-132

Eichler, Klaus & Hochreutener, Marc-Anton (2000): Die PatientInnenperspektive im Gesundheitswesen. Messung der Ergebnisqualität im Kanton Zürich. In: Müller-Kohlenberg, Hildegard & Münstermann, Klaus (2000): Qualität von Humandienstleistungen. Evaluation und Qualitätsmanagement in Sozialer Arbeit und Gesundheitswesen. Opladen: Leske + Buderich: 175-184

Hadley, Robert G. & Mitchell Lynda K. (1995): Counseling Research and Program Evaluation. Pacific Grove u. a.: Brooks/Cole Publishing Company.

Heiner, Maja (1988): Von der forschungsorientierten zur praxisorientierten Selbstevaluation. Entwurf eines Konzeptes. In: Heiner, Maja (1988): Selbstevaluation in der sozialen Arbeit. Freiburg im Breisgau: Lambertus: 7-40

Heiner, Maja (Hrsg.) (1988): Selbstevaluation in der sozialen Arbeit. Freiburg im Breisgau: Lambertus

Kromrey, Helmut (2000): Die Bewertung von Humandienstleistungen. Fallstrecke bei der Implementations- und Wirkungsforschung sowie methodische Alternativen. In: Müller-Kohlenberg, Hildegard & Münstermann, Klaus (2000): Qualität von Humandienstleistungen. Evaluation und Qualitätsmanagement in Sozialer Arbeit und Gesundheitswesen. Opladen: Leske + Buderich: 19-58

Lorenz, Walter (2004): Qualität regulieren und kontrollieren in sozialen Diensten. Eine europäische Perspektive. In: Beckmann, Christof u. a. (2004): Qualität in der sozialen Arbeit. Zwischen Nutzerinteresse und Kostenkontrolle. Wiesbaden: VS Verlag für Sozialwissenschaften: 105-118

Luhmann, Niklas & Schorr, Karl Eberhard (1982): Das Technologiedefizit in der Erziehung und die Pädagogik. In: Luhmann, Niklas & Schorr, Karl Eberhard (1982): Zwischen Technologie und Selbstreferenz. Fragen an die Pädagogik. Franfurt am Main: Suhrkamp: 11-40

Luhmann, Niklas & Schorr, Karl Eberhard (Hrsg.) (1982): Zwischen Technologie und Selbstreferenz. Fragen an die Pädagogik. Franfurt am Main: Suhrkamp.

Manalex Management Lexikon. Online im Internet: URL: http://www.manalex.de/d/outcome/outcome.php; (Zugriff am 15.11.2005)

Mayring, Philipp (2000). Qualitative Inhaltsanalyse. Forum Qualitative Sozialforschung / Forum: Qualitative Social Research [On-line Journal], 1(2). Online im Internet: URL: http://qualitative-research.net/fqs/fqs-d/2-00inhalt-d.htm; (Zugriff am 20.02.2010)

Merchel, Joachim (2004): Qualität als Verhandlungssache. Kontraktsteuerung und Profesionalisierung sozialer Dienste. In: Beckmann, Christof u. a. (2004): Qualität in der sozialen Arbeit. Zwischen Nutzerinteresse und Kostenkontrolle. Wiesbaden: VS Verlag für Sozialwissenschaften: 133-154

Müller-Kohlenberg, Hildegard & Münstermann, Klaus (Hrsg.) (2000): Qualität von Humandienstleistungen. Evaluation und Qualitätsmanagement in Sozialer Arbeit und Gesundheitswesen. Opladen: Leske + Buderich

Österreichischer Berufverband der Sozialarbeiterinnen (OBDS) (2004): Berufsbild der Sozialarbeiterinnen. Online im Internet: URL:http://www.sozialarbeit.at; (Zugriff am 21. Februar 2006)

Wendt, Wolf Rainer (2005): In sozialer Arbeit forschen: Überlegungen zu Gegenstand und Methodik. Online im Internet: URL: http://www.deutsche-gesellschaft-fuer-sozialarbeit.de/wendt.shtml (Zugriff am 15. November 2005)

Interkulturelles Mädchencafé in Dornbirn

Julia Zehentner

Das Thema „Interkulturelles Mädchencafé in Dornbirn" wurde seitens der Stadt Dornbirn an die Fachhochschule Vorarlberg herangetragen. Im Wesentlichen wurde damit das Ziel verfolgt, anhand einer wissenschaftlichen Begleitarbeit Kriterien für ein interkulturelles Mädchencafé in Dornbirn zu erforschen.

Die Stadt Dornbirn, im Speziellen deren Jugendabteilung, diskutiert seit mehreren Jahren in der Nähe der Innenstadt ein Jugendcafé zu errichten bzw. zu eröffnen. Trotz einer breit angelegten Debatte konnte das Projekt aus unterschiedlichen Gründen bis zum heutigen Zeitpunkt nicht verwirklicht werden. In jüngerer Zeit wurde das Thema aufgrund des Umbaus des Sonderpädagogischen Zentrums (SPZ), dessen zentraler Lage, sowie einer eventuellen Anbindung des Jugendcafés an das SPZ wieder aktuell. Zudem ergab eine im Jahr 2008 durchgeführte Sozialkapitalstudie speziell für den Bereich Jugend eine Vereinsamung migrantischer Mädchen, was insbesondere Mädchen türkischer Herkunft betrifft (vgl. Hagen 2008). [1] Die Jugendabteilung hat sich mit anderen Dornbirner Jugend- und Sportorganisationen mit den Ergebnissen dieser Sozialkapitalstudie auseinandergesetzt und kam in einem weiteren Workshop zum Entschluss, dass aufgrund des aktuellen Bedarfs ein interkulturelles Mädchencafé statt eines Jugendcafés sinnvoller wäre. Überdies wurden in diesem Workshop auch Inhalte für ein solches interkulturelles Mädchencafé zusammengetragen und Rahmenbedingungen diskutiert, wie beispielsweise die Parallelnutzung der Räume durch das SPZ und das Mädchencafé, die Form der Trägerschaft, usw.

---

[1] Die Sozialkapitalstudie wurde von der Stadt Dornbirn in Auftrag gegeben und in Zusammenarbeit mit der internationalen Beratungsgesellschaft „hagen consult" durchgeführt. Sozialkapital ist laut „hagen consult" der soziale Zusammenhalt innerhalb einer Gemeinschaft, also die Kraft der Gefühle, die vertrauensvollen Beziehungen. Gemessen wird das Sozialkapital auf drei Ebenen: Die Mikro-Ebene, auf welcher die persönlichen Nahbeziehungen gemessen werden. Die Meso-Ebene, wo die Beziehungen zu größeren Netzwerken, wie beispielsweise Gruppen oder Vereinen gemessen werden. Die Makro-Ebene, auf welcher die Ideale, wie zum Beispiel Musik und Kunst gemessen werden.

Angelehnt an die Ergebnisse der Sozialkapitalstudie wurde es als erforderlich angesehen, ein interkulturelles Mädchencafé zu implementieren, um der Vereinsamung in einem institutionellen Rahmen entgegenzuwirken. Integration als dialogischer Prozess, als ein gegenseitiges Aufeinander-Zugehen ist wesentliches Anliegen der Stadt Dornbirn. Dornbirn orientiert sich dabei an drei Kernleitsätzen des stadteigenen Integrationsleitbildes:

- „Integration ist eine gesamtgesellschaftliche und gesamtstädtische Querschnittsaufgabe und ist bei allen Überlegungen städtischen Handelns mit einzubeziehen.
- Die Integrationspolitik setzt nicht symptomorientiert und defizitverwaltend an, sondern präventiv, ursachenbezogen und im Sinne des Förderns und Forderns.
- Integrationspolitik entwickelt eine gesamtgesellschaftliche Kultur des aufgeklärten und positiven Umgangs mit Vielfalt und Differenz."
(Amt der Stadt Dornbirn o.J.)

Obwohl in erster Linie die Ergebnisse der Sozialkapitalstudie für den Entschluss eines Mädchencafés statt eines Jugendcafés ausschlaggebend waren, trugen auch andere grundlegende Überlegungen und Wahrnehmungen dazu bei, so etwa das bis heute gültige Ziel der feministischen Mädchenarbeit, soziale Räume speziell für Mädchen zu schaffen. Denn zweifelsohne werden bestehende Jugendhäuser in Vorarlberg von männlichen Jugendlichen dominiert (vgl. koje 2009:18). Das interkulturelle Mädchencafé sollte deshalb nicht fälschlicherweise als reiner „Ausländertreff" gesehen werden, sondern den Mädchen vielmehr die Möglichkeit zum Austausch von unterschiedlichen Kulturen in einem geschützten Rahmen bieten. Darüber hinaus sollen Mädchen die Möglichkeit erhalten, ihre Freizeit sinnvoll zu gestalten und motiviert werden selbstbestimmt zu leben.

Konzept für ein interkulturelles Mädchencafé

Die wissenschaftliche Begleitarbeit zu diesem Projekt wurde in Form einer Diplomarbeit verfasst. Diese sollte nun wesentliche Kriterien für das interkulturelle Mädchencafé in Dornbirn herausarbeiten.

Das Richtziel bestand darin, eine Grundlage für ein theoriegestütztes Konzept zu erarbeiten, um anhand dessen weitere Schritte in Richtung Umsetzung des Mädchencafés zu ermöglichen. Dabei galt es, den Fokus sowohl auf einheimische Mädchen als auch Mädchen mit Migrationshintergrund zu richten. Damit war beabsichtigt, die Majorität der einheimischen und die Minderheit der migrantischen Mädchen gleichermaßen zu fördern. Zudem war es auch von Belang, wesentliche Rahmenbedingungen unter den bis dato gegebenen Voraussetzungen in Dornbirn zu klären wie beispielsweise Öffnungszeiten, Teamstruktur, Trägerschaft usw. Auch dafür war wieder der Schwerpunkt der Interkulturalität ausschlaggebend und handlungsleitend bei gleichzeitiger Berücksichtigung von relevanten Ansätzen, Konzepten und Theorien der Mädchenarbeit im Allgemeinen.

Drittens wurde auch das Ziel einer internationalen Vergleichbarkeit angestrebt. Dieses Ziel verfolgte der empirische Teil der Diplomarbeit durch eine Dokumentenanalyse, mittels welcher fünf Mädcheneinrichtungen aus benachbarten Ländern und Österreich analysiert wurden. Ein weiteres, subjektives Ziel bestand darin, den Erwartungen aller direkt und indirekt involvierten Personen gerecht zu werden, was sich speziell auf die Zielgruppe der einheimischen und migrantischen Mädchen bezieht, auf die Stadt Dornbirn, die Fachhochschule Vorarlberg und auf Expertinnen und Experten der Mädchenarbeit.

Feministische, lebensweltorientierte und interkulturelle Mädchenarbeit

Ein interkulturelles Mädchencafé hat auf den ersten Blick scheinbar nicht viel mit Sozialer Arbeit zu tun. Zunächst könnte darunter nur ein Gastronomiebetrieb für Mädchen verstanden werden. Dieses reduzierte Bild eines interkulturellen Mädchencafés führt jedoch zu einem Trugschluss, denn in einem interkulturellen Mädchencafé geht es vorwiegend darum, geschlechterorientierte Mädchenarbeit zu leisten. Dabei stehen die Mädchen mit ihren Interessen und Bedürfnissen im Zentrum der Arbeit, es werden ihnen sinnvolle Freizeitangebote präsentiert wie etwa der offene Treff, Ausflüge, Kurse oder Workshops. Weitere Beratungs- und Unterstützungsangebote wie etwa Workshops zu bildungspolitischen und/oder mädchenspezifischen Themen, Einzelberatungen und Elternarbeit sollen die Zielgruppe ermächtigen, eigene Lebensperspektiven zunehmend autonom gestalten zu können. Mit derartigen Angeboten kann die Arbeit im interkulturellen Mädchencafé im Schnittpunkt zwischen den sozialarbeiterischen Handlungsfeldern „Kinder, Jugend, Familie" und „Migration" verortet werden.

Ein interkulturelles Mädchencafé kann durch unterschiedliche wissenschaftliche Theorien der Sozialarbeit begründet werden. Die Diplomarbeit greift jedoch nicht auf eine „gültige" Theorie für den Entdeckungszusammenhang zurück, sondern speist ihre Grundlagen aus drei naheliegenden Quellen: der feministisch-parteilichen, der lebensweltorientierten und der interkulturellen Mädchenarbeit. Diese drei Ansätze werden nachstehend knapp skizziert.

Erste Ansätze der feministischen Mädchenarbeit wurden von engagierten Frauen der autonomen Frauenbewegung Mitte/Ende der siebziger Jahre entwickelt (vgl. Möhlke & Reiter 1996: 20; Schröer u.a. 2002: 715) Feministische

Mädchenarbeit kann dabei nicht als eigenständige Theorie bezeichnet werden, sie ist vielmehr ein Theoriegebäude, welches je nach unterschiedlichem pädagogischen Verständnis verschiedene Ausprägungen hat. Wesentliche Ziele und Prinzipien der feministischen / parteilichen Mädchenarbeit bestehen darin (vgl. Möhlke & Reiter 1996:29-31):

- Frei- und Schutzräume zu schaffen und die Mädchenarbeit zu erweitern;
- Lebenswelten der Mädchen ganzheitlich zu erfassen;
- gegenüber den Mädchen pädagogisch parteilich aufzutreten. Es geht dabei nicht darum, sich mit den Mädchen gleichzustellen und ihr gesamtes Handeln für richtig zu erklären. Vielmehr sollten die Lebenswelten der Mädchen verstanden werden und der Zielgruppe trotz des teilweise abweichenden Verhaltens Vertrauen gegeben werden;
- Selbst- und Mitbestimmung, Autonomie und Partizipation der Mädchen zu fördern.

Die feministisch-parteiliche Mädchenarbeit weist Schnittstellen mit der lebensweltorientierten Mädchenarbeit auf. Trotzdem sind diese beiden Theorien bis zum heutigen Zeitpunkt getrennt voneinander betrachtet worden. Dabei kann die feministisch-parteiliche Mädchenarbeit durch Prinzipien der lebensweltorientierten Mädchenarbeit erweitert werden. Nachfolgende Prinzipien sind wesentlich für die lebensweltorientierte Mädchenarbeit (vgl. Grunwald & Thiersch 2004: 417-428):

- Subjektorientierung: Aus der Perspektive der lebensweltorientierten Mädchenarbeit ist die Definition „Mädchen" zu weit gefasst, was dazu führt, einer konkreten Zielgruppe keine adäquaten Angebote machen zu können. Deshalb sollten Mädchen als spezifische Zielgruppe in ihren Unterschiedlichkeiten wahrgenommen werden.
- Koedukation: Lebensweltorientierte Mädchenarbeit präferiert eine Integration von geschlechtshomogenen und gemischtgeschlechtlichen Angeboten. Es sollten in der Mädchenarbeit nicht nur geschlechtshomogene Räume geschaffen werden.
- Gemeinwesenarbeit: Lebensweltorientierte Mädchenarbeit arbeitet mit Stadtteilanalysen. In Form von Lebensweltanalysen können diese dazu beitragen, den konkreten Bedarf von Mädchen in einem exakt definierten lokalen Raum zu bestimmen.

Interkulturelle Mädchenarbeit richtet sich zentral auf die Begegnung von Angehörigen verschiedener Kulturen aus. Sie fördert die Begegnung unterschiedlicher Kulturen bzw. den gegenseitigen konstruktiven Austausch der Kulturträgerinnen und -träger. Es ist ein Anliegen der interkulturellen Mädchenarbeit, dieses Ziel in der Arbeit mit Mädchen zu verfolgen. Für solch eine interkulturelle Öffnung spielen das Personal, die institutionellen Rahmenbedingungen, die Netzwerkorientierung, Ressourcenorientierung und Gleichheit und Differenz der Mädchen zentrale Rollen (vgl. Auernheimer 2001:129-143).

Qualitative Dokumentenanalyse

Im empirischen Teil der Diplomarbeit wurde das Hauptaugenmerk auf die Dokumentenanalyse gelegt. Laut Mayring wird durch eine Dokumentenanalyse bereits vorhandenes Material erschlossen, welches nicht erst erhoben werden muss (vgl. Mayring 1990: 31) Dieses stammt aus „Best-Practice-Beispielen" interkultureller Mädchenarbeit im deutschsprachigen Raum. Bei der Auswahl der Mädcheneinrichtungen war die angewandte interkulturelle Arbeit der Einrichtungen ausschlaggebend. Zudem war es ein Anliegen, dass alle angrenzenden Länder des Bundeslandes Vorarlberg, mit Ausnahme Liechtensteins, mit mindestens einer Institution vertreten waren. Die Einrichtungen befinden sich demnach in Deutschland, Österreich und der Schweiz.

Während im Theoriekapitel der Diplomarbeit relevante Theorien zur Fragestellung herangezogen und diese genauer ausgeführt wurden, sollte nun die qualitative Inhaltsanalyse zeigen, inwieweit diese Theorien bzw. Teile der Theorien in den Einrichtungen umgesetzt werden, und welche Bestandteile der Theorien als wichtige Kriterien für ein interkulturelles Mädchencafé unerlässlich sind. Für die Analyse wurde die Technik der inhaltlichen Strukturierung gewählt. Sie verfolgt das Ziel, bestimmte Inhalte und Aspekte aus dem Material herauszufiltern und zusammenzufassen (vgl. Mayring 2008: 89) Für die vorliegende Fragestellung konnten folgenden zwölf Kategorien zur Analyse der Best-Practice-Einrichtung gebildet werden:

1. Leittheorien,
2. Programm,
3. Preispolitik,
4. Öffnungszeiten,
5. Räumliche Bedingungen,
6. Personalausstattung,
7. Standort,
8. Öffentlichkeitsarbeit,

9. Zielgruppe,
10. Träger,
11. Regeln, Hausordnungen,
12. Finanzierung.

Die vorhandenen Materialien wurden nun anhand dieses Kategoriensystems ausgewertet und die Ergebnisse für jede Einrichtung tabellarisch festgehalten und einander gegenübergestellt. Anschließend erfolgte deren inhaltskritische Analyse. Zusätzlich zur Dokumentenanalyse wurden vier Leitfadeninterviews durchgeführt. Dazu wurden Expertinnen und Experten aus den Bereichen der Politik, des SPZ Dornbirn, sowie der Gender- und Migrationsarbeit zum Thema befragt. Das Leitfadeninterview zielte darauf ab, unterschiedliche Haltungen bezüglich der Umsetzung eines interkulturellen Mädchencafés von relevanten Anspruchspersonen zu erkunden, die mehr oder weniger direkt in das Projekt involviert sind.

Ergebnisse und Schlussfolgerungen

Gemäß der Best-Practice-Analyse und der Leitfadeninterviews konnten mit Bezug auf die grundlegenden sozialen Theorien einige Thesen für die Implementierung des Dornbirner Mädchencafés herausgearbeitet werden. Demnach ist dem interkulturellen Mädchencafé in Dornbirn anzuraten ...

...das Theoriegebilde der traditionellen feministischen Mädchenarbeit, der Lebensweltorientierung und der interkulturellen Sozialarbeit als leitende Theorien in der Sozialen Arbeit zu verwenden. Die interkulturelle Sozialarbeit des Mädchencafés sollte sozialpolitisch ernst genommen werden und nicht nur einem guten Image dienen. Interkulturelle Arbeit verfolgt das Ziel, sowohl die Majorität der „Einheimischen", als auch die Minderheit der migrantischen Mädchen zu fördern.

.... die Preise auf die Zielgruppe der Mädchen abzustimmen. Es sollten keine Barrieren durch ein zu hohes Preis- Leistungsverhältnis entstehen.

... räumliche Bedingungen, die für professionelle Mädchenarbeit notwendig sind, zu gewährleisten. In der feministischen Mädchenarbeit ist die Schaffung von Frei- und Schutzräumen bis heute ein gerechtfertigtes Ziel. Die Mädchen sollten sich mit Räumlichkeiten identifizieren können, welche ihnen uneingeschränkt zur Verfügung stehen. Zudem ist die Partizipation der Mädchen hinsichtlich der Raumgestaltung wesentlich. Die momentan geplante Anbindung des Mädchencafés an das SPZ und die daraus resultierende Parallelnutzung der Räume sollte kritisch überdacht werden, denn in dieser Form können Mädchen eben nicht vorbehaltlos über „ihre" Räume bestimmen. Die räumlichen Bedingungen des interkulturellen Mädchencafés sollten deshalb erneut diskutiert werden und gegebenenfalls Alternativen gefunden werden.

…einen zentralen Standort zu wählen (z.B. die Innenstadt), damit ein niederschwelliger Zugang gewährt wird. Das Mädchencafé sollte zu Fuß sowie mit den öffentlichen Verkehrsmitteln gut erreichbar sein. Natürlich wäre auch eine gewisse Nähe zu Schulen wünschenswert, da sich dort wahrscheinlich ein Großteil der Zielgruppe befindet.

…seine Zielgruppe genau zu definieren, damit präzise Angebote gemacht werden können. Dabei ist es wichtig, Mädchen nicht als homogene Gruppe zu betrachten, sondern vielmehr die Unterschiedlichkeiten von Mädchen wahrzunehmen, ohne diese jedoch zu bewerten. Die Definition der Zielgruppe in der traditionellen feministischen Mädchenarbeit, also bezogen auf Mädchen im Alter von zehn bis 25 Jahren, ist sehr umfangreich. Deshalb sollten sich Mitarbeiterinnen mit der Zielgruppe, beispielsweise in Form von Lebensweltanalysen, genauer auseinandersetzen.

…Regeln und Hausordnungen bezüglich Kommunikation und gegenseitigem Umgang zu formulieren und sichtbar machen. Sie garantieren ein respektvolles Miteinander und sollten gemeinsam mit den Mädchen regelmäßig besprochen werden. Dazu gehören die Einhaltung österreichischer Gesetze ebenso wie die Einhaltung spezieller hausinterner Regeln, die je nach Leitung der Organisation variieren können.

…ein vielseitiges und kreatives Programm anzubieten. Es sollten möglichst viele Mädchen erreicht werden. Neben einem offenen Treff, welcher den Mädchen optimalerweise die Möglichkeit bietet, Getränke und Snacks zu konsumieren, Musik zu hören, das Internet bzw. den PC zu nutzen, zu relaxen, sich mit Freunden zu treffen, zu spielen oder Hausaufgaben zu machen, sollten auch Veranstaltungen, Vorträge, Workshops und Kurse zu mädchenspezifischen und bildungsspezifischen Themen stattfinden. Überdies sollte den Mädchen bei schulischen, privaten und beruflichen Problemen bzw. Schwierigkeiten Unterstützung durch Beratungen geboten werden. Dabei ist es jedoch nicht zwingend, dass die Mädchen Probleme haben müssen, um überhaupt den Mädchentreff zu besuchen. Beratungen sollten vielmehr auf individuellem Wunsch erfolgen und, sofern nicht gerade Gefahr in Verzug ist, nicht erzwungen werden. Weiterhin ist auch Elternarbeit wesentlicher Bestandteil der Angebote eines interkulturellen Mädchencafés, um das Vertrauen der Eltern in das Mädchencafé aufzubauen.

…die Öffnungszeiten unter Berücksichtung der Freizeiten der Mädchen zu konzipieren. In diesem Zusammenhang ist eine Kooperation bzw. Vernetzung mit anderen Jugend- und Sportorganisationen auf jeden Fall sinnvoll. Natürlich sind die Öffnungszeiten auch von der Finanzierung des Mädchencafés abhängig.

…bezüglich des Personals darauf zu achten, dass es weiblich ist und über eine Qualifikation im Sozialbereich verfügt. Mädchenarbeit zu leisten erfordert nämlich von den Mitarbeiterinnen eine hohe Selbstreflexivität hinsichtlich der eigenen Stellung als Frau in der Gesellschaft, da der Arbeitsalltag durch frauenpolitisches und pädagogisches Handeln bestimmt wird. Falls mehrere Stellen zur Verfügung stehen, sollte zumindest eine von einer ausgebildeten Mitarbeiterin im Sozialbereich besetzt werden. Zudem sollte gerade ein interkulturelles Mädchencafé die Anstellung einer Migrantin oder Mitarbeiterin mit Migrationshintergrund anstreben, da dies eine Form der interkulturellen Öffnung darstellt. Auch die Fort- und Weiterbildung der Mitarbeiterinnen, sowie der Austausch im Team und Supervisionen sind von großer Bedeutung, da der Alltag in der Mädchenarbeit oft eine große Herausforderung darstellt. Bei der Umsetzung eines interkulturellen Mädchencafés müssen auf jeden Fall genügend personelle Ressourcen zur Verfügung gestellt werden, da diese neben den Mädchen selbst wesentlich zu einem erfolgreichen Gelingen eines Mädchencafés beitragen können. Natürlich ist auch die Erweiterung des Kernteams durch ehrenamtliche MitarbeiterInnen und Praktikantinnen denkbar.

… die Öffentlichkeitsarbeit systematisch zu betreiben und sowohl die Zielgruppe als auch andere Interessierte über das interkulturelle Mädchencafé zu informieren.

…einen Träger zu haben, der ebenfalls die Ziele der Mädchenarbeit anstrebt und verfolgen möchte. Dies kann beispielsweise ein Verein sein, der bereits Angebote im Jugendbereich offeriert und fördert.

…die Finanzierung des Mädchencafés zu gewährleisten, um es einerseits realistisch umsetzen und um anderseits ein nachhaltiges Angebot bieten zu können.

Nach Abschluss der Diplomarbeit wurde diese im September 2009 dem Dornbirner Jugendausschuss präsentiert. Er erkannte die Notwendigkeit eines solchen interkulturellen Mädchencafés und setzte weitere Schritte bezüglich der Umsetzung; hier sind nicht zuletzt die Verhandlungen mit dem Direktor zu den Räumlichkeiten sowie mit dem Lehrkörper des SPZ zu erwähnen. Aktuell bleiben jedoch noch weitere politische Entscheidungen abzuwarten, bis das interkulturelle Mädchencafé in Dornbirn tatsächlich seine Pforten öffnen wird.

Literatur

Amt der Stadt Dornbirn (o.J.): Integrationsleitbild. Online im Internet. URL: http://www.dornbirn.at/Integrationsleitbild-der-Stadt.537.0.html; (Zugriff am: 14.11.2009)

Auernheimer Georg (Hrsg.) (2001): Migration als Herausforderung für pädagogische Institutionen. Band 7 Opladen: Leske + Budrich

Grunwald Klaus & Thiersch, Hans (Hrsg.) (2004): Praxis lebensweltorientierter Sozialer Arbeit. Handlungszugänge und Methoden in unterschiedlichen Arbeitsfeldern.Weinheim; München: Juventa

Hagen, Angelika (2008): Sozialkapital – Sonderauswertung „Jugend". Präsentation für den Stadtjugendbeirat koje- Koordinationsbüro für Offene Jugendarbeit und Entwicklung (o.J.): Erklärung zur Jugendarbeit. Vorarlberg. Online im Internet: URL: http://www.koje.at/cms/files/userdocs/erklaerung_zur_jugendarbeit.pdf; (Zugriff am: 31.11.2009)

Mayring, Philipp (2008): Qualitative Inhaltsanalyse. Grundlagen und Techniken. 10. neu ausgestattete Auflage. Weinheim; Basel: Beltz Verlag

Mayring, Phillip (1990): Einführung in die qualitative Sozialforschung. Eine Anleitung zum qualitativem Denken. München: Psychologie-Verlags-Union

Möhlke Gabriele & Reiter, Gabi (^{2}1996): Feministische Mädchenarbeit. Gegen den Strom. Münster: VOTUM Verlag GmbH

Schröer, Wolfgang; Struck, Norbert & Wolff, Mechthild (Hrsg.) (2002): Handbuch der Kinder- und Jugendhilfe. Weinheim; München: Juventa Verlag

Autorinnen und Autoren

Alge, Miriam
Mag.[a] (FH) Miriam Alge wuchs auf einem landwirtschaftlichen Betrieb auf und half von Kindesbeinen an im Familienunternehmen mit. Von 2005 bis 2009 studierte sie Sozialarbeit an der Fachhochschule Vorarlberg. Derzeit ist sie für den Ambulanten Familiendienst des Vorarlberger Kinderdorfs tätig. Neben der Arbeit mit Familien plant sie dort die Umsetzung eines soziallandwirtschaftlichen Angebots für Jungendliche mit Verhaltensstörungen.

Bennati-Schranz, Marietta
Mag.[a] (FH) Marietta Bennati-Schranz, Jahrgang 1966, arbeitete von 1984 bis 2004 in der Privatwirtschaft mit dem Schwerpunkt Bankwesen. Sie absolvierte darüber hinaus eine Ausbildung zur Wirtschafts- und Eurosekretärin und einen Universitätslehrgang für Export und internationale Geschäftstätigkeit. Zwischen 2004 und 2008 studierte sie Sozialarbeit an der Fachhochschule Vorarlberg. Ihre Praktika im Rahmen des Studiums führte sie bei der IfS-Jugendarbeitsassistenz und IfS-Schuldenberatung durch. Seit September 2009 arbeitet Frau Bennati-Schranz als Sozialarbeiterin bei der Caritas Flüchtlings- und Migrantenhilfe in Feldkirch (Vorarlberg).

Bernard, Claudia
Mag.[a] (FH) Claudia Bernard, Jahrgang 1983, studierte von 2003 bis 2007 Sozialarbeit an der Fachhochschule Vorarlberg. Seither ist sie für das „Aha Dornbirn" tätig, einer Beratungsstelle für junge Menschen. Diese bietet Informationsdienste von A bis Z, Informationsveranstaltungen zu ausbildungs- und berufsbezogenen Fragen und vielseitige Workshops zu spezifischen Aktivitäten an (z.B. zum Jugendschutzgesetz oder zum Europäischen Freiwilligendienst).

Drexel, Ulrike
Mag.[a] (FH) Ulrike Drexel, Jahrgang 1960, Dipl. Arztassistentin und Dipl. Coach, arbeitet seit Abschluss des Studiums der Sozialarbeit im Jahr 2007 bei der Firma a-plus Arbeitsprojektentwicklung GmbH in Dornbirn im Sozialen Personal-Leasing. Seit Juni 2009 ist sie zudem in der Arbeitsgemeinschaft von a-plus und der Vorarlberger Lebenshilfe GmbH tätig. Diese AG beschäftigt sich mit der Konzeptentwicklung und Umsetzung des Projektes „Präventionsmanagement Vorarlberg", das vom Bundessozialamt in Auftrag gegeben wurde.

Fredersdorf, Frederic
Prof. (FH) Priv.Doz. Dr. Frederic Fredersdorf, Jahrgang 1955, ist examinierter Sport- und Geschichtslehrer, promovierter Soziologe und habilitierter Erziehungswissenschaftler – Studien an der Freien und Technischen Universität Berlin. Nach freiberuflicher Tätigkeit als Sporttrainer ist er seit 1988 im Bereich der tertiären und quartären Bildung als Sozialforscher und Bildungsmanager tätig, davon seit 1991 in leitender Funktion. Zwischen 2002 und Frühjahr 2009 leitete er die sozialarbeiterischen Studiengänge an der FH Vorarlberg. Seither engagiert er sich für den Auf- und Ausbau der sozial- und wirtschaftswissenschaftlichen Forschung an der FH Vorarlberg (Leitung des Forschungsschwerpunkts gesellschaftliche und sozialwirtschaftliche Entwicklung). Arbeits- und Forschungsschwerpunkte: Bildungsmanagement, Bildungscontrolling, Gesundheit, Suchthilfe, Personal- und Organisationsentwicklung. Frederic Fredersdorf ist Herausgeber der Reihe „Forschung und Entwicklung in der Sozial(arbeits)wissenschaft" (VS Verlag für Sozialwissenschaften, Wiesbaden) und Mit-Herausgeber des Online-Journals „Soziales Kapital" (www.soziales-kapital.at).

Geser-Engleitner, Erika
Prof.[in] (FH) Mag.[a] Erika Geser-Engleitner, Jahrgang 1964, Soziologin, ist seit 2002 als interne Dozentin an der Fachhochschule Vorarlberg tätig. Ihre Schwerpunkte in der Lehre sind: Empirische Sozialforschung, Soziologie, Handlungsfeld Alter Mensch. Ihre Schwerpunkte in der Forschung sind: Pflege- und Betreuungssysteme, Alter Mensch, Familie und Generationen.

Güfel, Lars
Mag. (FH) Lars Güfel, Jahrgang 1981, arbeitete von 2001 bis 2003 in der Lebenshilfe Vorarlberg als Betreuer für Menschen mit Behinderungen. Zwischen 2003 und 2007 studierte er Sozialarbeit an der Fachhochschule Vorarlberg. Sein Praktikum im Rahmen des Studiums führte er in der Abteilung Psychiatrie I im Landeskrankenhaus Rankweil durch. Seit April 2008 arbeitet Lars Güfel als Sozialarbeiter in der Abteilung Psychiatrie I im Landeskrankenhaus Rankweil.

Hammerer, Stefanie
Mag.[a] (FH) Stefanie Hammerer, Jahrgang 1983, schloss ihr sozialarbeiterisches Diplomstudium im Jahr 2007 an der FH Vorarlberg ab. Ihre Studienpraktika führte sie in der Dornbirner Drogenberatungsstelle „Die Faehre" und im Vorarlberger Kinderdorf durch. Im Anschluss an das Studium begann Frau Hammerer mit der Arbeit im Kaplan-Bonetti-Arbeitsprojekt in Dornbirn. Seit März 2010 arbeitet sie in der Kaplan-Bonetti-Beratungsstelle für den Bereich der ambulanten Wohnungslosenhilfe.

Himmer, Michael
Dr. Michael Himmer, Jahrgang 1964, arbeitete nach seinem Rechtsstudium in der Vorarlberger Landesverwaltung, in der Unternehmensberatung, in der Sozialwirtschaft sowie in nationalen und europäischen sozialen Netzwerken. Zuletzt war er als selbständiger Berater für Regierungen, Sozialunternehmen und Netzwerke tätig sowie als Lehrbeauftragter verschiedener Fachhochschulen mit dem Schwerpunkt Europäische Sozialpolitik. Seit April 2009 leitet Michael Himmer die sozialarbeiterischen Studiengänge an der FH Vorarlberg. Seine Schwerpunkte in der Lehre sind Sozialmanagement, Sozialplanung und Europäische Sozialpolitik sowie Beratungsleistungen für öffentliche Auftraggeber. Im europäischen Kontext fertigte er z.B. im Jahr 2010 in Kooperation mit Karen Siegel die Studie „The European Social Fund: Developing Human Potential in Research and Innovation" für die Europäische Kommission an.

Jakes, Andrea
Mag.[a] (FH) Andrea Jakes wuchs in Tirol auf. Von 2002 bis 2006 studierte sie Sozialarbeit an der Fachhochschule Vorarlberg. Derzeit ist sie bei den Kaplan-Bonetti-Wohnprojekten für die Bereiche ambulante und stationäre Wohnungslosenhilfe in Dornbirn tätig.

Kaspar, Siegfried
Mag. (FH) Siegfried Kaspar, Jahrgang 1970, arbeitet seit seinem Abschluss seines Diplomstudiums im Jahr 2009 als selbständiger Sozialarbeiter und Teamtrainer in der Vorarlberger Region. Die Erkenntnisse, die er durch seine Diplomarbeit über Arbeitslose Jugendliche in Vorarlberg gewonnen hat, tangieren und beeinflussen seine Arbeit nachhaltig. Unter anderem ist Herr Kaspar derzeit für die Firmen Arbeitsmarkt Service, ibis acam bildungs GmbH, aqua mühle frastanz - soziale dienste gemeinnützige GmbH, Perzi Kunststoff GmbH, High5 outdoorcenter, outdoor input und pro guiding tätig.

Müller, Marion
Mag[a]. (FH) Marion Müller, Jahrgang 1982, ist seit 2005 bei der Gemeinnützigen GesmbH. aqua mühle frastanz beschäftigt. Dort war sie im Rahmen ihrer Tätigkeit bei „Zick-Zack, Fachdienst für Schulsozialarbeit" maßgeblich an der Entwicklung eines Konzeptes zur Betreuung und Begleitung von Schülerinnen und Schülern beteiligt, die von Vorarlberger Pflichtschulen suspendiert sind. Seit ihrem Studienabschluss 2007 leitet sie beim Fachdienst Zick-Zack den Bereich der Suspendierungsbegleitung.

Werle, Elke
Mag. (FH) Elke Werle, Jahrgang 1983, arbeitet seit ihrem Abschluss des Diplomstudiengangs im Jahr 2006 bei der IfS-Schuldenberatung gemGmbH in Feldkirch. Ihre Diplomarbeit erhielt als erste dieser Art den jährlich einmal pro Disziplin vergebenen Vorarlberger „Newway Award" für besonders innovative Diplomarbeiten. Bei der IfS-Schuldenberatung erhielt sie die Möglichkeit, ihr Modell der Wirkungsforschung erstmalig in größerem Rahmen praktisch umzusetzen. 2008 war Frau Werle Autorin des Forschungsberichts „Was bewirkt die IfS-Schuldenberatung? Wie es weitergeht – wenn die Beratung beendet und die Akten geschlossen sind".

Zehentner, Julia
Mag.[a] (FH) Julia Zehentner arbeitete von 2004 bis 2005 im Rahmen ihres freiwilligen sozialen Jahrs in der Caritas Flüchtlingshilfe, Haus Galina. Von 2005 bis 2009 studierte sie Sozialarbeit an der Fachhochschule Vorarlberg mit zwei absolvierten Praktika in den Handlungsfeldern Familie und Jugend. Seit Dezember 2008 übt sie eine geringfügige Tätigkeit als Anwesenheitsmitarbeiterin in der Caritas Flüchtlingshilfe in Vorarlberg, Haus Maria Rast, aus.

MIX
Papier aus verantwortungsvollen Quellen
Paper from responsible sources
FSC® C105338

If you have any concerns about our products,
you can contact us on
ProductSafety@springernature.com

In case Publisher is established outside the EU,
the EU authorized representative is:
**Springer Nature Customer Service Center GmbH
Europaplatz 3, 69115 Heidelberg, Germany**

Printed by Libri Plureos GmbH
in Hamburg, Germany